Comment sauver les animaux ?

Romain Espinosa

Comment sauver les animaux ?

Une économie de la condition animale

puf

Ouvrage publié à l'initiative scientifique de Renan Larue

ISBN 978-2-13-081871-7
Dépôt légal – 1re édition : 2021, janvier

170 bis, boulevard du Montparnasse, 75014 Paris

À toutes celles et ceux
qui s'engagent pour faire
de demain un monde meilleur.

À Doriane et Aymeric,
qui m'avez accompagné
toutes ces années et m'avez montré
que le changement est possible.

« Je tiens que moins une créature peut se défendre et plus elle a droit à la protection de l'homme contre la cruauté de l'homme. »

Gandhi

Propos liminaires

Quand on s'engage dans la recherche, on nourrit de nombreux espoirs sur les sujets sur lesquels nous allons travailler. La plupart des jeunes chercheurs que j'ai connus se sont engagés dans une thèse parce qu'ils cherchaient à améliorer le monde par la connaissance. Puis, l'on découvre les exigences scientifiques, la compétition pour trouver des postes, les stratégies pour avoir les meilleures publications. Petit à petit, nous ne cherchons plus à faire un monde meilleur, mais nous cherchons à avancer dans notre environnement professionnel. Nous oublions les aspirations qui nous ont conduits vers la recherche pour finalement faire un travail technique, intellectuellement stimulant, mais loin des préoccupations du monde.

Je me souviens du jour où je me suis rendu compte que je m'étais enfermé dans un travail technique éloigné de mes aspirations. Cette prise de conscience soudaine, je l'ai eue au hasard de mes recherches bibliographiques. En cherchant un article pour une de mes études, je suis tombé sur l'éditorial d'un journal qui parlait des erreurs « de type 3 ». J'avais déjà entendu parler des erreurs de types 1 et 2, mais jamais des erreurs de type 3. Intrigué, je lisais cet éditorial, dans lequel l'éditeur expliquait que les erreurs de type 3 consistaient à utiliser les bonnes méthodes pour répondre aux mauvaises questions. Pas aux questions aux présupposés erronés, non, mais aux questions avec un faible enjeu social.

Il existe en économie un culte de la technique. Certains chercheurs passent des années à travailler un seul et même article, dans le seul espoir d'obtenir une publication dans l'une des meilleures revues mondiales. Pire encore, certains choisissent leur sujet de recherche, non pas parce qu'il les intéresse, mais parce qu'ils pensent qu'ils auront de meilleures chances de publication, et donc de carrière. Ces remarques, je ne suis bien entendu pas le seul à me les être faites, et peut-être aurais-je dû écouter certains de mes collègues plus tôt. Le fait est que nombre d'entre nous retombent dans la routine car, après tout, nous évoluons dans ce système et personne ne souhaite être (trop) marginal dans un métier où l'avancement est le résultat d'une évaluation positive par les pairs de ses travaux. Cette prise de conscience m'a conduit à m'interroger sur la pertinence de mes travaux. Étaient-ils vraiment utiles ? Étaient-ils à la hauteur de ce à quoi j'aspirais en m'engageant dans la recherche ?

Et si mes travaux n'étaient pas à la hauteur des enjeux actuels, à quel sujet pouvais-je donc contribuer pour améliorer autant que possible la société ? Dans quel domaine pourrais-je être le plus utile ? Qui a le plus besoin de nos recherches ? Ces questions, nous nous les posons bien entendu de manière régulière, en tant que citoyens : quand nous décidons de voter, quand nous décidons de dons à des associations, voire quand nous décidons de nous engager dans l'une d'entre elles. Je me les posais alors comme chercheur.

Ma réponse était que les grands oubliés de la science économique sont les animaux. Parce que je suis persuadé que notre valeur s'évalue à notre capacité à nous extraire de nos intérêts égoïstes, à considérer les intérêts des plus démunis, je suis convaincu que la manière dont nous traitons les animaux représente aujourd'hui un de nos plus grands défis. L'amélioration matérielle et morale de l'humanité doit se repenser à la lumière de nos rapports au vivant, et avant tout aux autres êtres sensibles, envers qui nous avons une responsabilité.

La plupart des chercheurs travaillent à rendre le monde meilleur. Peut-être nous concentrons-nous parfois sur des têtes d'épingles, mais nos recherches ont pour objectif d'approfondir les connaissances de l'humanité. Un professeur de médecine cherche à sauver des vies ; un environnementaliste cherche à préserver les écosystèmes ; un chercheur en droit public cherche à protéger l'intérêt général ; un économiste du genre cherche à réduire les inégalités salariales. Ces motivations humanistes, altruistes, font des motivations originelles du chercheur. Elles sont essentielles, car elles sont le moteur vers un monde meilleur.

Introduction

Ce livre est une invitation lancée à toutes celles et tous ceux qui souhaitent réfléchir et agir pour rendre le monde meilleur. Nous y explorerons ensemble l'univers qui se situe à l'interface de la science économique et de la condition animale. Nous découvrirons comment les économistes réfléchissent à une société où les intérêts des êtres humains et des animaux coexistent. Nous examinerons également les conditions dans lesquelles les animaux vivent aujourd'hui en France et la manière dont nous pouvons les aider. Nous analyserons les freins à l'amélioration du bien-être animal et comment nos actions peuvent lever certains de ces obstacles.

L'objectif premier de ce livre est d'étudier les actions que nous pouvons entreprendre pour venir en aide aux animaux. La particularité de la science économique est qu'elle ne cherche pas uniquement à décrire la société, mais également, et avant tout peut-être, à l'améliorer. Nous examinerons ensemble plusieurs théories économiques qui permettent d'éclairer les problèmes que rencontre aujourd'hui le mouvement de protection animale. Ces théories nous fourniront une grille de lecture du monde actuel et nous permettront de mieux cerner les actions les plus efficaces pour améliorer le bien-être des animaux.

Les personnes les plus engagées auront certainement une bonne connaissance des conditions de vie actuelles des animaux et ce livre sera surtout pour elles l'occasion de réfléchir aux obstacles auxquels l'amélioration de leurs conditions de vie fait face aujourd'hui en France. Certaines des théories présentées, comme celle de la dissonance cognitive, seront familières à quelques-uns des lecteurs, mais d'autres, comme celles du bien public, de l'apprentissage social ou de l'opposition entre système 1 et système 2, leur apporteront, je l'espère, de nouvelles clefs de lecture.

Cet ouvrage peut également se lire comme une introduction à de nombreux concepts économiques. Il me semble en effet qu'un débat démocratique de qualité nécessite une meilleure compréhension de la manière dont la science produit des connaissances. Il est important de pouvoir appréhender la portée et les limites des résultats énoncés par les travaux scientifiques ainsi que les forces et faiblesses de chacune des méthodes employées. J'ai donc fait le choix de ne pas présenter uniquement les résultats des études, mais également les techniques qu'elles utilisent et les théories sur lesquelles elles se fondent. Nous verrons de nombreux concepts économiques clefs, tels que le bien-être social, l'utilité, la volonté à payer, les externalités, le surplus du consommateur, le bien public, la taxe pigouvienne, etc. Nous examinerons également des concepts méthodologiques importants pour comprendre les limites des travaux scientifiques, tels que les validités interne et externe, les méta-analyses, les méthodes d'élicitation des volontés à payer, etc. Enfin, nous aborderons de multiples théories développées en économie comportementale, qui est un champ d'étude relativement récent de l'économie, issu de la psychologie et qui offre de nombreux horizons de recherche, par exemple sur l'aversion aux pertes, l'altruisme impur, l'empathie cognitive ou encore la rationalité limitée.

Ce livre s'adresse également aux économistes, qui découvriront un nouveau champ d'investigation. Si la science économique a pendant très longtemps passé sous silence la question de la condition animale – comme le reste de la société –, un nombre croissant de mes collègues s'intéresse à cette question. Ils découvriront que la question animale a toute sa place dans notre discipline et que l'amélioration de la condition animale est un sujet crucial pour les politiques publiques visant à améliorer le bien-être social.

En effet, de nombreux chercheurs se sont intéressés ces dernières années à la consommation de viande, ou plus généralement à la consommation de produits d'origine animale, pour des motifs différents. Les philosophes se sont consacrés à l'éthique de l'exploitation animale. Les chercheurs en sciences naturelles se sont quant à eux concentrés sur les problèmes environnementaux et sanitaires résultant de cette exploitation. Dans la dernière décennie, ces chercheurs ont ainsi documenté les conséquences néfastes qu'entraîne l'exploitation animale. Plusieurs études, publiées dans les meilleures revues scientifiques, ont montré que la consommation de viande est associée à un risque accru de cancers, de maladies cardio-vasculaires ou de diabète. Elles ont encore montré que l'alimentation entièrement végétale serait la plus bénéfique pour la santé humaine[1]. Ces études ont en outre mis en lumière les lourdes conséquences environnementales de l'exploitation animale : émissions de gaz à effet de serre, déforestation, consommation d'eau, acidification des sols[2]... En lisant ces travaux, on ne peut que constater le fossé qui sépare les recommandations scientifiques (réduire drastiquement la consommation de produits d'origine animale) et le soutien important de l'État français aux entreprises du secteur de la viande et du lait. Plusieurs études en économie ont cherché à dresser le bilan sur ces questions[3].

Si de nombreux chercheurs ont analysé l'exploitation animale d'un point de vue environnemental et sanitaire, j'ai à cœur de proposer ici un livre centré sur *le bien-être des animaux*. La recherche scientifique a beaucoup traité des effets de l'exploitation animale pour les êtres humains, et très peu pour les animaux eux-mêmes. Il me paraît important de combler cette lacune et de faire de leur bien-être un objet d'étude économique à part entière.

L'ouvrage se compose de quatre chapitres. Dans le premier, nous aborderons la manière dont la science

1. Voir Tilman et Clark (2014) ; Springmann, Godfray, Rayner et Scarborough (2016). Les références bibliographiques complètes de ouvrages présentés au fil du texte par auteurs et années de publication se trouvent dans la partie Bibliographie finale.

2. Voir Erb, Lauk, Kastner, Mayer, Theurl et Haberl (2016) ; Poore et Nemecek (2018).

3. Voir Espinosa (2019) ; Treich (2019).

économique travaille et nous chercherons à comprendre comment articuler les intérêts des animaux avec ceux des êtres humains. Le deuxième chapitre présente la situation des animaux aujourd'hui en France, ainsi que les gains que nous aurions à prendre davantage soin d'eux. Le troisième chapitre expose plusieurs théories qui peuvent expliquer pourquoi nos sociétés traitent si mal les animaux alors même que la plupart d'entre nous souhaitons qu'ils puissent vivre dans de meilleures conditions. Nous analyserons enfin plusieurs outils permettant d'améliorer leur bien-être et expliquerons dans quelle mesure ils pourraient permettre de surmonter les obstacles actuels.

Chapitre I

Contours d'une économie de la condition animale

La science économique cherche à comprendre le monde pour l'améliorer. Elle se fixe ainsi un double objectif : appréhender la manière dont les êtres humains décident et agissent (*économie positive*) et conseiller les décideurs publics sur les politiques à mettre en œuvre pour améliorer la société (*économie normative*). Ces deux facettes de la science économique sont complémentaires. Pour pouvoir conseiller les gouvernements, les économistes cherchent tout d'abord à comprendre les rouages de la société : comment les individus, les communautés, les institutions, prennent leurs décisions et interagissent. Grâce à cette compréhension accrue de la réalité sociale, les économistes tentent de déterminer les politiques publiques qui améliorent le bien-être de la société. L'économie se distingue sans doute de toutes les autres sciences, naturelles et sociales, par cette approche *normative* du monde.

Cet objectif d'amélioration du bien-être social n'est pas nouveau et a même sûrement contribué à l'avènement de l'économie : quand les États-nation se sont formés, les dirigeants ont eu besoin de conseils sur la manière d'administrer les pays et ont alors sollicité les économistes[1]. Encore aujourd'hui, lorsqu'il faut décider des politiques à mettre en œuvre, la science économique éclaire la prise de décision. Par exemple, lorsque le gouvernement décide du niveau de revalorisation du salaire minimum, il doit trouver un équilibre entre deux objectifs éventuellement contradictoires (réduire le taux de chômage et augmenter le niveau des salaires), et les économistes donnent leur avis sur le niveau optimal de revalorisation. Pour déterminer la politique la plus efficace, les économistes doivent ainsi arbitrer entre différentes aspirations sociales et ont de ce fait une vision de la société vers laquelle nous devons tendre : le conseil économique est nécessairement *normatif*.

Pour guider le politique, les économistes comparent différents modèles possibles de société, les hiérarchisent, et étudient les mesures à prendre pour que le meilleur des projets se réalise. Pour procéder à un tel classement, les chercheurs en économie utilisent un critère de comparaison appelé *bien-être social*, qui reflète le niveau de bien-être associé à chacun de ces modèles de société. Les modèles impliquant un bien-être social plus élevé que les autres sont ainsi préférés. Les économistes cherchent ensuite à développer des politiques publiques qui améliorent le bien-être social, et à dissuader les gens d'adopter des comportements qui le diminuent.

Si tout le monde peut s'accorder sur le fait que les politiques publiques devraient chercher à améliorer le

1. Hausman (2018).

bien-être de la société, il est beaucoup plus difficile d'obtenir un consensus sur ce qui le constitue. Définir le bien-être social est complexe car nous possédons toutes et tous des visions propres de ce qui fait une société. Certains considèrent qu'il s'agit de la somme des intérêts individuels, tandis que d'autres estiment qu'il faut accorder plus d'importance aux plus démunis. Certains ont pu dans le passé considérer que seule une partie de l'humanité devait être prise en compte dans le calcul du bien-être social, quand d'autres prônaient l'universalisme. Ce débat, s'il est complexe, est néanmoins capital, car c'est à partir de cet idéal de société que nous construisons nos décisions collectives. Une fois qu'ils se sont mis d'accord sur les normes, les économistes peuvent se concentrer sur la manière d'atteindre cet objectif (cette société idéale), et les discussions deviennent alors principalement techniques. Il existe ainsi un débat *normatif* sur l'idéal de société à atteindre et un débat *technique* sur l'efficacité des politiques publiques permettant de l'atteindre.

Jeremy Bentham, l'un des pères fondateurs de la philosophie utilitariste, était également à la recherche d'un critère unique et objectif de bien-être social, qui permettrait d'évaluer différentes situations et de les comparer. L'objectif de ce critère d'évaluation était d'éviter les décisions arbitraires et de disposer d'un outil unique utilisable pour des situations très diverses. La quête d'universalité poussa Jeremy Bentham à examiner la question suivante : qu'est-il d'universel aux êtres humains qui permettrait, de la manière la plus objective possible, de comparer plusieurs situations d'un point de vue normatif ? La réponse qu'il apporte est celle de l'utilitarisme : tous les êtres humains sont capables de ressentir des plaisirs et des peines, et c'est à partir de cette caractéristique universelle que nous devons construire nos choix de société. Parce que nous cherchons tous à éviter la douleur et à goûter le plaisir, nos politiques publiques devraient chercher à établir une société avec moins de souffrances et davantage de plaisirs :

> La nature a placé l'humanité sous le gouvernement de deux maîtres souverains, la douleur et le plaisir. C'est à eux seuls qu'il appartient de signifier ce que nous devrions faire, comme de déterminer ce que nous ferons. (Bentham, 1780)

Les économistes ont été très influencés par l'utilitarisme de Jeremy Bentham. De nombreux travaux ont bien entendu débattu de la manière dont le bien-être social devrait être défini[1], mais tous les économistes s'accordent sur le fait qu'il doit prendre en compte les plaisirs et souffrances de tous les individus (ce qu'on appelle les *utilités*). En outre, les travaux en économie *normative* ont eu comme point commun d'exclure les animaux du calcul du bien-être social[2]. Les économistes ont ainsi largement adopté une approche anthropocentrique du bien-être social, en considérant que seul le bien-être des êtres humains entrait en compte pour définir les objectifs de société à atteindre. Cette exclusion des animaux du champ des considérations n'était pourtant pas préconisée par les pères fondateurs de l'utilitarisme. Quand Bentham

1. Par exemple Ng (1975, 1981).
2. Hausman (2018).

définit l'utilitarisme, il l'étendait en effet très naturellement aux animaux, capables eux aussi de ressentir souffrances et plaisirs. Il déclare ainsi :

> Le jour viendra peut-être où le reste de la création animale acquerra ces droits qui n'auraient jamais pu être refusés à ses membres autrement que par la main de la tyrannie. Les Français ont déjà découvert que la noirceur de la peau n'est en rien une raison pour qu'un être humain soit abandonné sans recours au caprice d'un bourreau. On reconnaîtra peut-être un jour que le nombre de pattes, la pilosité de la peau, ou la façon dont se termine le sacrum sont des raisons également insuffisantes pour abandonner un être sensible à ce même sort. Et quel autre critère devrait marquer la ligne infranchissable ? Est-ce la faculté de raisonner, ou peut-être celle de discourir ? Mais un cheval ou un chien adultes sont des animaux incomparablement plus rationnels, et aussi plus causants, qu'un enfant d'un jour, ou d'une semaine, ou même d'un mois. Mais s'ils ne l'étaient pas, qu'est-ce que cela changerait ? La question n'est pas : *Peuvent-ils raisonner ?* ni : *Peuvent-ils parler ?* mais : *Peuvent-ils souffrir ?* (Bentham, 1780, chapitre 17)

D'autres philosophes utilitaristes ont également soutenu l'idée d'intégrer les animaux dans les discussions sociales car ils répondent aux critères de l'utilitarisme. La vision qu'en a John Stuart Mill est proche de celle de Jeremy Bentham. Pour lui, la société devrait chercher à maximiser le *bonheur* de la population. Il inclut dans sa philosophie utilitariste les animaux et prône l'intervention du gouvernement pour protéger leur bien-être :

> Les arguments plaidant pour une intervention légale en faveur des enfants s'appliquent aussi fortement au cas des malheureux esclaves et des victimes de la partie la plus brutale de l'humanité, les animaux inférieurs. C'est par la plus grossière incompréhension des principes de la liberté, que l'infliction de punitions exemplaires aux actes malveillants pratiqués envers ces créatures sans défense, a été traitée comme une ingérence du gouvernement dans des domaines qui ne relèvent pas de sa compétence ; une ingérence dans la vie privée. La vie privée de ces tyrans est l'une des choses sur lesquelles il est le plus impératif d'interférer avec la loi ; et il est à regretter que les scrupules métaphysiques concernant la nature et la source de l'autorité du gouvernement, incitent de nombreux partisans des lois contre la cruauté envers les animaux à chercher une justification de telles lois dans les conséquences accessoires de l'indulgence des habitudes féroces pour les intérêts des êtres humains, plutôt que dans les mérites intrinsèques de l'affaire elle-même. Ce qu'il serait du devoir d'un être humain, ayant la force physique requise, de prévenir par la force s'il est tenté en sa présence, ne saurait être moins répressif pour la société. (Stuart Mill, 1848)

De nombreux autres philosophes utilitaristes ont proposé d'inclure les animaux dans le calcul utilitariste au XXe siècle. C'est notamment le cas de Peter Singer. En 1975, ce philosophe australien publie un ouvrage, *La Libération animale*, dans lequel il défend l'idée que les animaux devraient être traités selon les mêmes principes de justice qui régissent les actions entre êtres humains, à savoir éviter de causer des souffrances à un individu doué de sensibilité. Si les économistes retiennent le critère de *sensibilité*, la capacité à ressentir douleurs et plaisirs définie par Rousseau, pour évaluer le bien-être social, alors ils devraient nécessairement inclure les animaux dans leurs calculs.

Dans une étude récente, Olof Johansson-Stenman (2018) se penche sur les différentes possibilités qui s'offrent à nous pour intégrer les animaux dans notre définition du bien-être social, et propose cinq manières d'appréhender le bien commun.

La première option consiste à ne s'intéresser qu'aux souffrances et plaisirs des êtres humains, et, ainsi, de ne nullement considérer les animaux. Cette *vision anthropocentrique* est celle qui a longtemps prédominé en économie et qui est de plus en plus remise en question au sein de la profession[1]. Elle est en contradiction avec les travaux fondateurs de l'utilitarisme (Bentham, Mill) auxquels la science économique se réfère pourtant.

La deuxième manière de considérer le bien-être social consiste à envisager le bien-être des animaux par le biais de l'altruisme qu'ont pour eux les êtres humains : si certains êtres humains se soucient des animaux, et que nous nous soucions du bien-être de ces êtres humains, alors nous devrions également nous soucier des animaux. Les animaux ont dans ce cas une *valeur instrumentale* : nous améliorons leur bien-être pour augmenter le bien-être de nos concitoyens altruistes. C'est historiquement dans cette vision instrumentale que s'est inscrit notre système légal, nous le montrerons dans le chapitre suivant.

La troisième possibilité consiste à donner un poids positif, mais limité, au bien-être des animaux directement dans le bien-être social. Selon cette approche,

1. Espinosa (2019) ; Carlier et Treich (2020).

nous nous soucierions des animaux pour leur propre bien-être et non plus de manière indirecte ; mais nous privilégierons cependant les êtres humains. S'il était possible d'établir une « unité de souffrance » comparable pour les animaux et les êtres humains, cela impliquerait que l'on préfère que l'animal subisse une unité de souffrance plutôt qu'un être humain. Il serait encore mieux, selon cette approche, qu'il n'y ait pas de souffrance du tout. Ainsi, dans toutes les situations où le bien-être des êtres humains serait identique, on préfèrerait les situations où les animaux seraient mieux traités. Nous serions également prêts à sacrifier un peu du bien-être des êtres humains si cela augmentait significativement le bien-être des animaux. C'est déjà en partie le cas. Par exemple, nous condamnons les actes de cruauté envers les animaux pour les protéger alors que certains êtres humains auraient du plaisir à leur faire mal. Ce faisant, nous acceptons l'idée qu'il existe un arbitrage entre les intérêts des humains et des animaux. Nous pourrions ainsi parler de *vision universelle anthropocentrique* du bien-être social, car elle élargit le cercle des considérations morales jusqu'à y inclure tous les êtres capables de souffrances – tout en privilégiant les êtres humains.

La quatrième proposition considère que les souffrances des animaux doivent recevoir autant d'attention que des souffrances équivalentes chez les êtres humains. C'est la position défendue par Peter Singer, qui considère, fidèle à la tradition utilitariste, que nous devrions considérer les intérêts semblables de manière identique. L'importance donnée aux animaux serait ici plus grande que dans l'approche précédente. Nous rejetterions par exemple la présence d'animaux sauvages dans les cirques : la souffrance des animaux tenus en captivité est manifestement plus grande que le plaisir que nous aurions à les regarder. Si nous considérions objectivement la souffrance des uns et le plaisir des autres, alors nous devrions rejeter ces pratiques. Il s'agit là d'une *approche universelle* du bien-être social, en ce qu'elle est fidèle au principe fondateur de l'utilitarisme : l'égale considération des intérêts de tous les êtres capables de ressentir plaisirs et souffrances.

La dernière position consisterait à donner un poids plus important aux intérêts des animaux qu'à ceux des êtres humains dans la définition du bien-être social. Cette approche, qui relèverait d'un *spécisme inversé*, serait motivée par le fait que les animaux sont moins responsables de leur propre souffrance que les êtres humains. L'idée est que le bien-être social devrait davantage prendre en compte les souffrances subies que les souffrances que l'on s'inflige à soi-même. Les animaux étant des victimes de l'activité humaine, il faudrait leur donner un poids plus important dans nos décisions publiques.

L'enjeu est alors de savoir quelles définitions exclure ou retenir. Deux possibilités s'offrent aux économistes. Une première consiste à déterminer laquelle des définitions est la plus légitime philosophiquement. Si les économistes souhaitent rester fidèles à la tradition utilitariste, il leur faut nécessairement adopter une approche universelle du bien-être social. La seconde méthode consisterait à se conformer aux décisions démocratiques : l'économiste est là pour guider la société, et, dans une démocratie, c'est aux citoyens de décider la société dans laquelle ils souhaitent vivre. Cette méthode rencontre bien vite un premier écueil : la multitude des opinions au sujet de ce que *devrait* être la société idéale. En outre, la vision dominante de ce que devrait être la société ne coïncide pas nécessairement avec les principes de justice aujourd'hui largement acceptés dans nos sociétés. Que devrait faire un économiste si un groupe, majoritaire dans la société, souhaite persécuter une minorité ? Devrait-il adopter leur vision de la société idéale ? Ou, dans le cas qui nous intéresse : que se passerait-il si la société souhaitait majoritairement exclure les animaux du bien-être social ?

Nous observons en réalité que le statu quo en économie est très défavorable aux animaux et que les deux options (philosophique ou démocratique) nous poussent à davantage considérer les animaux dans le bien-être social. La solution utilitariste, qui se confond avec l'approche universelle, implique de prendre en compte tous les plaisirs et souffrances. La solution démocratique, elle aussi, est favorable aux animaux. On observe en effet aujourd'hui qu'une très large majorité d'individus se déclarent soucieux du bien-être des animaux. En 2019, 9 Français sur 10 déclaraient par exemple que la cause animale était importante à leurs yeux[1]. Nombre d'autres sondages montrent que la population considère qu'il est légitime d'encadrer certains comportements humains pour protéger les animaux : 91 % des Français s'opposent au commerce de la fourrure, 88 % sont contre l'élevage

1. Sondage Ipsos, janvier 2019 : « La sensibilité des Français à la cause animale à la veille de la séquence électorale ».

intensif, 81 % sont contre la chasse, 75 % sont pour l'interdiction de la corrida, notamment.

Ces chiffres attestent d'une vraie demande sociale pour une meilleure prise en compte du bien-être des animaux. Ces perspectives sont plus proches d'une vision *universelle* du bien-être social, où l'on considère que le bien-être des animaux est important en soi. Cependant, au regard de l'état de la condition animale aujourd'hui en France, il est raisonnable de penser qu'une partie importante des Français gardent une préférence pour l'espèce humaine : s'ils devaient choisir de faire souffrir un animal ou un être humain, la plupart des Français choisirait l'animal. Il semble ainsi que la vision la plus répandue du bien-être social est celle de l'*universalisme anthropocentrique*.

Dans les chapitres qui suivent, nous rejetterons la vision *anthropocentrique* du bien-être social, comme le font la très grande majorité de nos concitoyens, et nous considérerons que le bien-être social doit prendre compte, en partie du moins, le bien-être animal. Nous verrons que, même en adoptant une approche très conservatrice (à savoir une vision *instrumentale* du bien-être animal), l'économie nous inciterait à faire davantage pour les animaux. Plus nous nous soucierons d'eux, plus nous aurons intérêt à les protéger pour peu que nous considérions les conditions dans lesquelles ils se trouvent aujourd'hui[1].

La prise en compte des animaux dans l'évaluation du bien-être social ouvre de très nombreuses perspectives

1. Espinosa et Treich, 2020.

en économie et pose nécessairement la question de l'intervention : dans quelles situations devrait-on établir des règles collectives en vue d'améliorer le bien-être des animaux ? La question de la régulation des actions individuelles par le biais de règles collectives n'est pas nouvelle en économie. La théorie de la main invisible d'Adam Smith est sûrement l'une des plus connues à cet égard : les individus, en cherchant à satisfaire leurs désirs égoïstes, participeraient en réalité à la réalisation du bien commun. En effet, le *bien-être social* prend en compte toutes les *utilités* individuelles des membres de la société. C'est pourquoi si un individu fait en sorte d'être le plus heureux possible, il contribuera à améliorer le bien-être de la société car il en fait lui-même partie. Par exemple, quand un consommateur et un producteur s'accordent sur un prix, ils augmentent généralement le bien-être de la société. Si le vendeur a vendu son bien, c'est qu'il a une utilité plus grande à le vendre qu'à ne pas le vendre. Si le consommateur a acheté le bien, c'est également qu'il avait une utilité plus forte à conclure la transaction qu'à ne pas le faire. La transaction aura augmenté l'utilité des deux individus, et donc, le bien-être de la société. Ainsi, dans de nombreuses situations, on peut compter sur les motivations égoïstes des individus pour concourir au bien commun : c'est là l'idée de la main invisible.

Cependant, il existe de nombreuses situations où les conditions définies par Smith ne sont pas respectées et où laisser les individus faire ce qu'ils entendent sans contrainte n'augmente pas le bien-être social, mais le diminue. Ces situations correspondent à ce que les économistes appellent des défaillances de marché. La défaillance de marché qui nous intéresse le plus quand on examine la question animale est celle des *externalités négatives*. Une externalité négative survient quand une action produit des conséquences négatives sur le bien-être de tiers et qui ne sont pas indemnisées. Les émissions de gaz à effet de serre sont généralement présentées comme un exemple d'externalités négatives. À l'heure actuelle, la production de viande bovine conduit à rejeter d'importantes quantités de méthane dans l'atmosphère, ce qui contribue au changement climatique et conduira, à terme, à de lourdes conséquences pour toute la société. Et pourtant, le producteur de cette viande n'indemnise pas la société pour ces dommages futures dont il est responsable : sa production impose des *externalités négatives*. Le principe de la main invisible ne s'applique plus dans ces conditions car la recherche de l'intérêt égoïste conduit à diminuer le bien-être de la société.

À partir du moment où nous avons considéré que le bien-être animal doit être pris en compte dans l'évaluation du bien-être social, nous devons nous interroger sur les externalités que génère l'exploitation animale. Dans une vision universelle du bien-être social, l'exploitation animale génère des externalités négatives sur les animaux eux-mêmes : ils souffrent de l'exploitation mais ne sont pas « indemnisés » pour la perte de bien-être qu'ils subissent à être exploités. Dans une approche instrumentale du bien-être social, ce sont les citoyens soucieux des animaux qui souffrent de voir les animaux maltraités. Ainsi, que nous ayons une vision instrumentale ou universelle du bien-être social, l'exploitation animale est source d'externalités négatives et peut conduire à une défaillance de marché qui diminue le bien-être social. Dans ce cas, il est important de réfléchir à la manière de réduire ces externalités en agissant de manière décentralisée (en menant par exemple des campagnes de sensibilisation, ou en exerçant une certaine pression sociale) ou centralisée, par le biais d'intervention étatiques comme l'imposition de taxes, la mise en place de nouvelles règlementations ou encore l'instauration de taxes.

Nous pouvons observer qu'il existe de très nombreuses situations où l'amélioration du bien-être des animaux améliorerait également le bien-être social, en particulier lorsque les coûts qu'aurait la société à prendre davantage soin des animaux seraient plus faibles que les bénéfices que nous en tirerions. L'interdiction des fermes industrielles ou d'élevage à des fins de chasse ou la promotion de modèles de substitution à l'expérimentation animale dans la recherche scientifique, seraient des exemples de politiques publiques améliorant sûrement le bien-être social. Quelles sont les pistes à suivre en priorité ?

Chapitre II

Pour quelles raisons devrait-on arrêter d'exploiter les animaux ?

Nous avons vu que dans la tradition utilitariste, les animaux ont toute leur place dans nos réflexions sur le bien-être social. Nous avons également vu qu'améliorer le bien-être des animaux peut affecter le bien-être social de deux manières : en augmentant directement le bien-être des animaux pour eux-mêmes (*gain direct*) ainsi qu'en augmentant le bien-être des êtres humains altruistes, soucieux du bien-être des animaux (*gain indirect*). Dans ce chapitre, je propose d'examiner ces deux effets. La première partie présente les conditions d'existence des animaux aujourd'hui en France afin de comprendre le potentiel d'amélioration de leur bien-être. La deuxième partie considère le gain d'utilité altruiste que nous aurions, nous autres humains, à améliorer les conditions de vie des animaux.

1. LES ENJEUX DE LA CONDITION ANIMALE EN FRANCE

Le cadre légal de la protection animale

Comme dans la plupart des pays développés, en France, les animaux connaissent des conditions de vie très hétérogènes. Les animaux de compagnie sont en grande majorité bien traités et les animaux sauvages disposent de mécanismes de protection particuliers quand ils sont menacés d'extinction. Les animaux exploités dans les laboratoires et dans les élevages sont, quant à eux, très peu protégés par les dispositions en vigueur. De manière surprenante, on note que les mécanismes de protection que la loi accorde aux animaux ne dépendent pas de leur réalité biologique mais du rôle que nous leur assignons. Comme le souligne la juriste Catherine Helayel[1], le lapin pourra être ainsi considéré comme un animal de compagnie si on le garde à la maison, comme un animal d'élevage si on l'élève pour le tuer et le consommer, comme un animal d'expérimentation si on l'exploite lors de tests en laboratoire, ou encore comme un animal nuisible s'il fait partie de la famille des lapins de garenne.

La situation juridique des animaux a connu en France une lente évolution, qui s'est accélérée ces dernières décennies. Cependant, ces avancées demeurent

1. TEDxTours, mai 2017.

symboliques. Dans sa lecture inaugurale de la deuxième Journée interdisciplinaire pour la Condition animale (JICA), Jean-Pierre Marguénaud, professeur en droit, résumait les grandes avancées en faveur des animaux comme suit. La loi Grammont, votée le 2 juillet 1850, a été la première loi importante en matière de protection animale dans notre système juridique moderne. La première version de cette loi avait pour objectif de protéger les animaux de toutes formes de maltraitance, qu'elles aient lieu dans la sphère publique ou privée. Par le jeu des amendements, la loi Grammont n'aura finalement pour périmètre effectif que les violences faites en public. Les dispositions contre la maltraitance animale auront ainsi pendant un siècle comme objectif de protéger la sensibilité humaine et non réellement celle des animaux.

Cette législation connaît une évolution importante en 1959 avec le décret Michelet, qui étend le champ d'action de la législation contre les maltraitances animales à la sphère privée. Ce changement juridique marque une étape décisive dans l'évolution de la protection animale car il implique que les animaux doivent être protégés en fonction de leur sensibilité propre. Considérés comme de simples biens jusqu'alors, la Cour de cassation reconnaît en 1962 le préjudice moral associé à la perte d'un animal, ce qui conduit à admettre qu'il existe un lien affectif entre un animal et son maître. En 1976, la loi relative à la protection de la nature vient confirmer le caractère sensible des animaux : elle ordonne en effet que « tout animal, étant un être sensible, doit être placé par son propriétaire dans des conditions compatibles avec les impératifs biologiques de son espèce ». Cette disposition est insérée dans le Code rural français par l'article L214-1, rendu célèbre par la création de l'association de défense des animaux du même nom (L214) en 2008.

En 2015, l'arrêt Delgado de la Cour de cassation reconnaît que les animaux ne sont pas de simples biens remplaçables et qu'ils sont uniques aux yeux de leur propriétaire. La même année, le caractère sensible des animaux est également reconnu et intégré dans le Code civil. Le législateur déclare que les animaux sont des êtres vivants doués de sensibilité. Ces derniers sont toujours soumis au régime des biens mais seulement si la loi est muette sur le sujet en question : toutes les lois qui prévoient des dispositions particulières aux animaux ont ainsi priorité sur le régime général des biens. En d'autres termes, les animaux sont considérés juridiquement comme des biens uniquement si la loi ne prévoit pas de dispositions particulières à leur endroit. En outre, la loi de 2015 apporte une avancée symbolique majeure dans la mesure où elle reconnaît la sensibilité des animaux même en l'absence de propriétaire (contrairement à la disposition précédente du Code rural).

Malgré ces avancées législatives et jurisprudentielles, les condamnations en matière de maltraitance sont plutôt rares. Les sanctions associées aux actes de maltraitance demeurent relativement faibles et concernent principalement les animaux de compagnie. En septembre 2019, par exemple, un homme qui avait battu puis tué un chat a été condamné à deux mois de prison avec sursis et 1 000 euros d'amende. Les actes de cruauté semblent ainsi donner lieu à des sanctions avant tout symboliques[1]. Les maltraitances envers les animaux d'élevage ne donnent presque jamais lieu à des sanctions pénales. L'article L214-1 du Code rural dispose certes que les élevages doivent répondre aux impératifs biologiques des animaux, mais, de fait, l'élevage intensif, qui ne respecte pas ces conditions, est pourtant autorisé.

L'exemple le plus frappant est sûrement celui de l'abattoir d'Alès. En 2015, l'association L214 diffuse des images de cet abattoir et cet épisode est par la suite devenu le symbole de la lutte en faveur des animaux. Les images, insoutenables, montrent de très nombreuses violations des règles en vigueur, comme le relèvera un rapport d'expertise[2] : les animaux reprennent conscience après avoir été égorgés, les égorgements se font par mouvements de cisaillement, des bovins restent au sol dans un mélange d'eau, de sang et de matières fécales plusieurs minutes après avoir été égorgés. Sur les 175 infractions relevées durant l'enquête[3], seules trois d'entre elles feront l'objet de poursuites. Au total, l'abattoir sera condamné à trois amendes de 750 euros. Cette affaire aux 175 infractions et aux trois amendes illustre le fossé entre les maltraitances infligées aujourd'hui aux

1. *20 Minutes*, « Bas-Rhin : un homme condamné à deux mois avec sursis pour actes de cruauté envers la chatte Rosa », 11 septembre 2019.

2. Rapport d'expertise, Professeur Gilbert Mouthon, 8 octobre 2015.

3. *Le Figaro*, « Alès : amendes requises contre un directeur d'abattoir », 11 février 2019.

animaux en France et les sanctions auxquelles les responsables s'exposent.

Contrairement aux animaux domestiques ou aux animaux exploités dans les élevages, les animaux sauvages n'ont pas de propriétaire. Leur situation juridique est très hétérogène[1]. En ce qui concerne les animaux appartenant à des espèces protégées, ils disposent d'une importante protection juridique. En sus des outils internationaux[2], l'article L411-1 du Code de l'environnement prévoit des dispositions particulières pour les animaux dont l'espèce est listée par un arrêté ministériel. Il est ainsi interdit de tuer, capturer, transporter, perturber intentionnellement ou commercialiser ces animaux[3]. Certaines espèces peuvent également être placées sur listes rouges et faire partie des espèces menacées. En réalité, de nombreuses espèces protégées continuent d'être chassées en France, comme c'est le cas de la tourterelle des bois, qui a déjà perdu 80 % de sa population[4].

1. La Fondation Droit, Animal, Éthique et Sciences, « Animaux sauvages à l'état de liberté ».

2. Voir par exemple la *Convention on Biological Diversity* signée lors du Sommet de Rio de 1992. L'article 8 prévoit à son alinéa d le maintien d'une population viable des espèces dans leur milieu naturel.

3. Préfecture de la région Grand-Est, « Réglementation relative aux espèces protégées », 4 mai 2017.

4. *Le Parisien*, « Sur les 64 espèces d'oiseaux chassables, 20 sont placées sur la liste rouge de l'Union internationale de la protection de la nature », 28 août 2018.

La condition des animaux aujourd'hui

La situation des animaux est très hétérogène en fonction du type d'animal considéré et du rôle que nous lui assignons : animaux de compagnie, animaux d'élevage, animaux sauvages, animaux utilisés dans l'expérimentation animale[1].

Les animaux de compagnie sont les animaux avec lesquels nous entretenons les rapports les plus étroits au quotidien. On compte aujourd'hui en France plus de 60 millions d'animaux domestiques, parmi lesquels de très nombreux poissons[2]. On dénombre plus de 20 millions de chats et de chiens dans nos foyers, pour la plupart bien traités. La moitié des propriétaires d'animaux de compagnie déclare en effet adopter un animal pour tisser des liens affectifs, et l'on peut aisément imaginer que ces propriétaires prennent soin de leurs compagnons. Par exemple, ils sont plus de la moitié des propriétaires à déclarer dépenser plus de 500 euros par an pour la santé de leur animal de compagnie.

1. L'objectif n'est pas ici de documenter la condition animale dans son intégralité. Nous ferons ainsi plusieurs impasses, à commencer par les animaux marins qui, bien que sentients pour la plupart, sont parmi les premières victimes de l'exploitation animale. Nous ne discuterons pas non plus la situation des animaux que nous côtoyons dans les villes, à l'instar des rats et des pigeons, non par manque d'intérêt, mais de place. Les lecteurs intéressés par ces problématiques peuvent par exemple s'informer auprès de Sea Shepard pour les animaux marins et de Paris Animaux Zoopolis pour les animaux des villes.

2. *Le Parisien*, « Les Français et les animaux de compagnie en chiffres », 14 janvier 2016.

Les deux problèmes principaux auxquels sont confrontés les animaux domestiques sont ceux de l'abandon et de l'élevage. Bien que le Code pénal prévoie de fortes sanctions à l'encontre des propriétaires qui abandonneraient leur animal domestique (jusqu'à 2 ans d'emprisonnement et 30 000 euros d'amende), la France est l'un des pays qui compte le plus d'animaux domestiques abandonnés[1]. Ce sont ainsi 100 000 animaux domestiques qui sont abandonnés chaque année, dont 60 000 pendant les vacances d'été. Ces abandons représentent de réelles sources de souffrance pour les animaux qui ne sont pas habitués à vivre à l'état sauvage et finissent très souvent par mourir s'ils ne sont pas retrouvés par des bénévoles. La SPA indique que l'une des raisons principales de l'abandon est le manque de stérilisation des animaux domestiques. Certains propriétaires refusent de faire stériliser leurs animaux, mais ensuite, n'assument pas la charge des descendants. La SPA note ainsi qu'un couple de chats peut avoir 20 000 descendants en l'espace de 4 ans[2]. D'autres raisons expliquent ce fort taux d'abandon, et d'abord le fait que les propriétaires sous-estiment le niveau d'engagement lors de l'adoption.

L'élevage d'animaux de compagnie pour la vente est également une source importante de souffrances. La Fondation 30 Millions d'amis dénonce ainsi

1. *L'Express*, « L'association 30 millions d'amis repart en campagne avec une vidéo de sensibilisation contre les abandons d'animaux en Europe », 18 juin 2019.

2. SPA, « La SPA lutte chaque jour contre l'abandon d'animaux en France ».

l'existence de fermes à chiots ou à chatons pour répondre à la demande d'animaux en animalerie[1]. Dans ces élevages intensifs, les mères enchaînent les portées et les petits leur sont enlevés avant la fin du sevrage. La Fondation estime que 100 000 animaux de compagnie sont importés de manière illégale sur le sol français chaque année. Ces fermes-usines sont également implantées sur le territoire français[2]. On y déplore de forts taux de mortalité, en partie due à une surpopulation qui conduit à des écrasements de chiots. Les animaux n'y ont pas accès aux soins vétérinaires et les registres sont falsifiés pour déclarer des portées fictives aux chiennes légalement enregistrées.

La défense des animaux utilisés à des fins de recherche scientifique représente la branche historique du mouvement de protection animale. Si les tests cosmétiques sur les animaux sont interdits en Europe depuis 2013[3], un très grand nombre d'animaux sont cependant exploités (et pour beaucoup tués) chaque année à des fins expérimentales. En 2017[4], 1,9 million d'animaux ont été utilisés dans les laboratoires français. Parmi ces animaux, on trouve principalement des souris (1,1 million), des poissons (290 000), des rats (184 000), des lapins (127 000), des cochons d'Inde (45 000), des

1. Fondation 30 Millions d'amis, « Trafic des animaux ».
2. Fondation 30 Millions d'amis, « Élevages-usines de chiens : ces témoignages qui dénoncent l'horreur ».
3. Parlement européen, « Tests de cosmétiques sur les animaux : les députés demandent une interdiction mondiale », 3 mai 2018.
4. *La Croix*, « La France se moque-t-elle de la réglementation sur l'expérimentation animale ? », 25 avril 2019, Évelyne et Roland Cash.

poulets (43 000), mais également des chiens (4 100), des primates non humains (3 400) et des chats (900)[1].

L'augmentation du nombre d'animaux exploités en laboratoire (1,7 million en 2014, 1,9 million en 2017) remet cependant en cause la capacité des comités d'éthique à faire respecter la règle des 3R auxquels l'expérimentation animale est censée se soumettre en Europe. Le principe du *remplacement* implique de s'assurer qu'il n'existe pas de méthode de substitution ne nécessitant pas l'utilisation d'animaux pouvant être employée pour les mêmes fins. Le principe de *réduction* conduit quant à lui à avoir recours au plus faible nombre d'animaux possible pour conduire l'expérimentation quand celle-ci est inévitable. Enfin, le principe du *raffinement* préconise d'améliorer au mieux les conditions de vie des animaux dans les laboratoires et de diminuer la souffrance provoquée par les tests.

L'utilité des tests sur animaux fait l'objet de nombreux débats dont l'association Antidote Europe fait régulièrement écho. Le pouvoir prédictif des tests sur animaux serait relativement faible (ils prédiraient mal le résultat chez l'être humain) et de multiples effets secondaires ne seraient pas étudiés. D'autres critiques concernent également les conditions dans lesquelles sont traités les animaux en laboratoire. En France, dans 16,7 % des cas, les douleurs infligées aux animaux dans le cadre d'expériences sont qualifiées de « sévères », contre 7,4 % en Allemagne et 5,6 % au Royaume-Uni. Ainsi, il semblerait que les laboratoires

1. Fondation Droit, Animal, Éthique et Sciences, « Animaux utilisés à des fins scientifiques ».

français échouent à répondre aux principes de remplacement, réduction et raffinement.

Il est cependant difficile de tirer des conclusions au sujet des efforts faits par la France en matière d'expérimentation animale car nous ne disposons pas d'un bon contrefactuel, à savoir le nombre d'animaux qui seraient tués sans les solutions de substitution. Le risque en revanche est que de telles méthodes complètent plutôt qu'elles ne remplacent les tests sur les animaux, ce qui irait contre leur objectif. Plusieurs éléments réglementaires précisent le niveau de sévérité des actes (par exemple l'Annexe VIII de la directive européenne 2010/63/UE), mais il subsiste des zones d'ombre sujettes à l'interprétation des comités d'éthique[1]. Enfin, l'évaluation de la situation en France est d'autant plus complexe, que tous les animaux ne sont pas reportés dans les chiffres présentés ici. Dans un récent rapport pour l'Union européenne, on estime qu'il existe autant d'animaux *invisibles* que d'animaux exploités[2]. Cela porterait le total d'animaux exploités dans l'expérimentation animale à presque 4 millions par an pour la seule France.

Si les animaux de compagnie sont ceux avec lesquels nous avons le plus d'interactions, et si les animaux exploités dans le cadre de l'expérimentation animale représentent le sujet historique de revendication des mouvements de défense des droits des animaux, ces

1. Par exemple, la présence de deux techniques « modérées » peut être interprétée comme une procédure globale « modérée » ou « sévère ».

2. Voir le rapport de l'association Transcience sur les statistiques annuelles de 2017.

dernières années, les animaux exploités dans les élevages ont reçu une attention croissante de la part des associations. On estime à un milliard le nombre d'animaux issus des élevages tués chaque année en France. Les données du ministère de l'Agriculture (Agreste-CVJA) nous en donnent la composition : 910 millions de volailles, 23,6 millions de porcs, 25 millions de lapins, 4,5 millions de bovins et 4,2 millions d'ovins[1]. Le quotidien *Libération* proposait récemment un descriptif des conditions de vie de ces animaux en France dont les éléments suivants[2].

Les volailles représentent les animaux les plus exploités dans les élevages français. Parmi elles, on retrouve les poules pondeuses, qui produisent plus de 14 milliards d'œufs par an. Afin d'obtenir des poules pondeuses, certaines poules sont fécondées et donnent ainsi naissance à des poussins : les femelles seront retenues pour la production d'œufs tandis que les mâles seront broyés vivants ou gazés dès leur naissance. On estime que 50 millions de poussins meurent ainsi tous les ans en France[3]. Les deux tiers des poules pondeuses (68 %) sont envoyés dans des élevages intensifs et n'auront jamais accès à l'extérieur.

Les poulets élevés pour leur chair sont aujourd'hui 83 % à être produits dans des élevages intensifs. Dans

1. On compte également 700 000 caprins, 8 000 équidés et 1 800 cervidés.

2. *Libération*, « Porcs, bovins, volailles, la vraie vie de la viande française dans l'élevage intensif », 4 juin 2018.

3. LCI, « Produire des œufs sans tuer 50 millions de poussins mâles par an : c'est possible en Allemagne, et bientôt en France ? », 2 janvier 2019.

ces hangars, ils vivent jusqu'à 22 poulets par mètre carré. Après des décennies de sélection génétique en vue de favoriser la prise de poids rapide, les espèces actuelles de poulets connaissent de nombreux problèmes de santé. Nombre d'entre eux souffrent de déformations des pattes ou de paralysie en raison de cette prise rapide de poids. Certains meurent de faim ou de déshydratation, faute de pouvoir se rendre aux points de ravitaillement[1]. Ceux qui survivent à cette croissance accélérée sont tués au bout de 40 jours (pour une espérance de vie de 10 ans).

L'élevage de porcs repose très fortement en France sur des méthodes d'élevage intensif. En effet, 95 % des porcs vivent dans ces élevages intensifs, tandis que seulement 1 % d'entre eux ont accès au plein air. Les truies sont inséminées artificiellement à partir de l'âge de six mois, à raison de deux portées par an (soit 26 porcelets). Pendant les cinq semaines de gestation, elles sont enfermées dans des cages individuelles où elles ne peuvent ni marcher, ni sortir, ni se retourner, et ce même après la naissance de leurs petits, ce qui conduit à la mort de nombreux porcelets coincés lors de la mise bas. Après 3 ans où elles enchaînent les gestations, les truies sont envoyées à l'abattoir. Les mâles sont quant à eux castrés sans anesthésie pour éviter le développement d'odeurs désagréables lors de la cuisson (3 % à 5 % des cas). On leur coupe également la queue, le plus souvent à vif, afin d'éviter qu'ils ne se la dévorent les uns les autres dans les milieux confinés de ces exploitations. Quant aux porcelets, ils

1. Welfarm, « Poulets élevés pour leur chair ».

sont engraissés pendant quatre mois, période pendant laquelle ils passent de 20 à 120 kg, puis envoyés à l'abattoir au bout de six mois et demi. L'espérance de vie de ces animaux s'élève normalement à plus d'une dizaine d'années.

Si les produits alimentaires d'origine bovine ont une empreinte écologique très forte, les bovins sont parmi les animaux les mieux traités dans les élevages, avec plus de 90 % des vaches qui ont accès à l'extérieur. Mais si les vaches sont mieux traitées que les volailles ou les porcs, elles souffrent pourtant grandement de l'exploitation animale. La moitié de la consommation de viande bovine en France provient des vaches laitières qui ont été exploitées pendant plusieurs années pour la production de lait puis envoyées à l'abattoir. À partir de l'âge de deux ans, ces vaches sont inséminées artificiellement tous les ans pour produire des veaux. Ces derniers sont retirés à leur mère à la naissance pour garder le lait pour la vente. La séparation entre le veau et sa mère est source d'une grande souffrance. À six ans, les vaches sont engraissées pendant deux à quatre mois avant d'être abattues. L'abattage représente sûrement la plus grande source de souffrance dans leur vie. La législation prévoit que les bovins soient étourdis avant leur mise à mort, mais les multiples vidéos tournées dans les abattoirs montrent de nombreuses situations dans lesquelles l'étourdissement est mal effectué et dans lesquelles les bovins sont égorgés encore conscients ou bien reprennent conscience juste après l'égorgement. L'abattage rituel, qui concerne 15 % des bovins abattus, proscrit quant à lui l'étourdissement et conduit à égorger les bovins encore conscients.

Enfin, on compte aujourd'hui en France un peu plus d'un million de chasseurs[1]. Si la chasse a historiquement été considérée comme régulant des espèces, ce n'est plus le cas aujourd'hui. Premièrement, rappelle l'ornithologue Frédéric Jiguet[2], la France est le pays européen avec la plus longue liste d'espèces chassées, incluant le plus grand nombre d'espèces menacées. Alors que nos voisins européens autorisent la chasse pour quatre ou cinq espèces, la France l'autorise pour 64, dont une vingtaine sont en danger d'extinction. La chasse contribue ainsi activement à la disparition de la biodiversité sur notre territoire. Deuxièmement, de très nombreux animaux sont élevés pour être relâchés le jour de la chasse. L'association ASPAS estime que 14 millions de faisans, 5 millions de perdrix, et 1 million de canards colverts sont élevés pour être tués chaque année lors de parties de chasse. Ces animaux représenteraient le quart des animaux abattus, mettant à mal l'argument de la régulation par la chasse. Troisièmement, on a pu observer ces dernières années une prolifération des sangliers sur le territoire. Plusieurs spécialistes estiment que les groupements de chasseurs auraient contribué à augmenter la population de sangliers en épargnant systématiquement les femelles afin d'augmenter à terme le nombre d'animaux à tuer[3]. On notera également

1. *Le Monde*, « Sur 1,1 million de chasseurs, moins de 10 % possèdent un permis national », 29 août 2018.

2. *Le Monde*, « La France est l'un des seuls pays d'Europe à autoriser la chasse d'espèces menacées », entretien avec Frédéric Jiguet, 9 décembre 2019.

3. *20 Minutes*, « Chasseurs *vs* agriculteurs : la prolifération de sangliers n'amuse plus personne », 23 octobre 2019.

que la Fondation Droit Animal estime qu'un tiers des animaux touchés lors des parties de chasse ne sont pas retrouvés, ce qui suppose de longues et douloureuses agonies pour ces animaux[1].

Devons-nous concentrer nos efforts sur certains animaux ?

Si l'on peut chercher à améliorer les conditions de vie de tous les animaux, ces derniers vivent donc dans des situations très diverses et inégales, si bien qu'il faudrait plutôt parler *des* conditions animales en France que de *la* condition animale. Une question majeure consiste alors à savoir s'il serait plus efficace de concentrer les efforts sur certains types d'animaux, à court terme du moins, pour améliorer le bien-être social.

De nombreuses discussions similaires ont animé les mouvements de droits civiques au cours des précédentes décennies sur la pertinence de chercher à hiérarchiser les revendications sociales. Un cas d'école a sans nul doute été la question LGBT : certains ont pu affirmer lors de débats législatifs que la priorité politique n'était pas à l'amélioration des droits des minorités sexuelles. S'il est évident qu'une partie significative de celles et ceux qui affirmaient que ces droits n'étaient pas une priorité cherchaient en réalité à favoriser le statu quo, des citoyens sincères se sont

1. Fondation Droit, Animal, Éthique et Sciences, « Animaux sauvages à l'état de liberté ».

posé la question de la pertinence de la hiérarchisation des revendications sociales.

Nous ne prétendons certes pas proposer ici une hiérarchisation de revendications, encore moins établir des injonctions à destination des citoyens qui s'investissent personnellement pour améliorer la condition des animaux : toute amélioration de leur bien-être, même minimale, est souhaitable. Mais la science économique peut nous aider à comprendre où l'engagement aura le plus d'effets positifs, ce qui constitue le cœur de l'altruisme efficace.

L'économie est parfois définie comme la science de l'allocation des ressources rares. Qu'il s'agisse de l'argent, du temps, des volumes de gaz à effet de serre que nous pouvons nous permettre d'émettre ou encore de ressources naturelles, nos décisions sont en effet limitées par ce qui nous est disponible. Si nous pouvions émettre autant de gaz à effet de serre que nous le voulions sans créer de dommage environnemental, nous ne nous poserions pas la question du prix du carbone ni des conséquences des énergies fossiles sur nos écosystèmes. Si nous disposions d'autant d'argent que nous le souhaitions, nous n'analyserions pas les choix des consommateurs car ceux-ci achèteraient sans compter.

La question de l'amélioration de la condition animale n'échappe pas au débat des ressources limitées. Nous avons un temps et un budget limités, et toute personne désireuse d'améliorer la condition des animaux peut se demander comment allouer au mieux son temps et son argent. Le temps médiatique est également limité et saturé de très nombreux sujets, et il peut être souhaitable de savoir de quels animaux parler pendant ce temps médiatique contraint. Enfin, nos capacités cognitives étant limitées, il est important de savoir sur quels choix de consommation nous devons inciter nos concitoyens à s'interroger.

Nous avons vu que les animaux exploités dans les élevages constituent, de loin, les animaux les plus touchés par les maltraitances. Les souffrances et privations de libertés qu'ils endurent sont bien plus grandes que celles des animaux de compagnie. Si les conditions de vie des animaux d'expérimentation sont également difficiles, ils sont beaucoup moins nombreux, dans un rapport de 1 à 50. La figure reproduite ci-dessous de l'Animal Charity Evaluators met en perspective le nombre d'animaux exploités avec la répartition des dons faits en faveur des animaux. On observe un réel déséquilibre entre les deux graphiques. Alors que les animaux dans les refuges représentent une infime partie de la question animale, ils sont l'objet de plus de la moitié des donations faites aux associations. Au contraire, les animaux dans les élevages constituent plus de 95 % des animaux en difficulté mais sont l'objet d'une très faible part des dons pour les associations.

Pour savoir sur quels animaux nous concentrer en priorité, nous pourrions recourir à une analyse coûts/bénéfices. Les coûts correspondraient aux changements dans nos habitudes de vie, au temps passé à convaincre consommateurs, concitoyens, responsables politiques et industriels de changer de comportements, l'argent donné aux associations, les pétitions que l'on signe ou encore le temps passé dans les associations à militer. Les bénéfices correspondraient à l'amélioration du bien-être pour les animaux. Pour évaluer les bénéfices associés à une action, il faut prendre en compte quatre éléments : la probabilité d'obtenir le changement espéré, le nombre d'animaux concernés par ce changement, les conséquences de ce changement pour chaque animal et les éventuels effets d'engrenage de ce changement sur d'autres avancées potentielles (*spill-over*).

Figure 1 – Nombre d'animaux tués ou utilisés et donations faites par type d'animaux aux États-Unis.

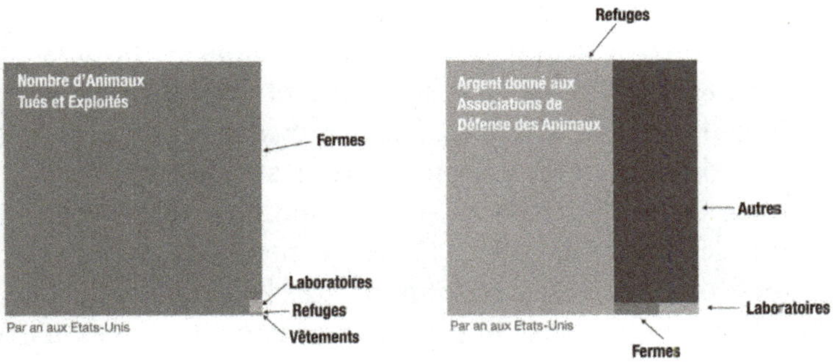

Source : Animal Charity Evaluators (2016).

La probabilité d'obtenir des avancées en faveur des animaux dépend avant tout de l'opinion publique, du niveau d'information des citoyens et de leur propension à payer ou à s'engager pour voir ce changement se concrétiser. Elle dépend également des freins à la mise en place effective de mesures en faveur bien-être animal, comme c'est le cas des jeux politiques entre partis ou des campagnes de lobbying des tenants de l'exploitation animale (industrie de la viande, chasseurs, etc.). Les animaux de compagnie occupent une place très importante dans la vie de nos concitoyens et une grande majorité d'entre eux serait prête à soutenir des mesures en faveur de leurs compagnons. Il pourrait ainsi y avoir un fort soutien pour des mesures telles que faciliter leur accueil dans les maisons de retraite ou dans les centres pour sans domicile fixe.

Les mesures en faveur des animaux exploités dans les élevages ou dans les laboratoires ont *a priori* de plus faibles chances d'être mises en place. Il existe certes un très fort soutien pour l'amélioration des conditions de vie de ces animaux dans la population : 88 % des Français se déclarent contre l'élevage intensif[1], et 90 % d'entre eux se disent favorables à l'interdiction de l'expérimentation sur des animaux quand d'autres méthodes sont disponibles[2]. Ce soutien pour les animaux d'élevage est cependant contrebalancé par un très fort *lobbying* de l'élevage intensif en France qui a conduit les gouvernements successifs à ne pas ou peu agir pour la défense des animaux exploités pour leur viande, leur peau, leurs œufs ou leur lait. Les évolutions en faveur du bien-être des animaux en laboratoire, de leur côté, sont freinées par la longue habitude qu'a la communauté scientifique de recourir aux animaux. Quant aux animaux tués ou

1. Sondage YouGov de 2019 pour L214 : « Étude élevage intensif ».

2. Sondage IFOP pour la Fondation 30 Millions d'amis : « Les Français et le bien-être des animaux », février 2018.

exploités par loisir, comme pour la chasse, les cirques ou les delphinariums, ils recueillent un très fort soutien populaire pour l'amélioration de leur condition. Ce soutien peine cependant à trouver des concrétisations politiques face au poids très important des groupes de pression des chasseurs ou des circassiens.

Les animaux les plus nombreux sont donc ceux qui sont exploités dans les élevages. Viennent ensuite les animaux d'expérimentation ou de compagnie et ceux victimes de la chasse, puis les animaux exploités dans les spectacles. Le potentiel d'amélioration du bien-être par animal est inversement proportionnel au niveau de bien-être actuel. En d'autres termes : les animaux aux conditions de vie les plus précaires présentent les plus forts potentiels d'amélioration du bien-être animal[1]. Ici aussi, ce sont les animaux exploités dans les élevages qui se trouvent dans les conditions de vie les plus précaires et pour lesquels le potentiel d'amélioration semble être le plus grand.

La dernière dimension à prendre en considération porte sur les potentiels effets d'engrenage. Quand Peter Singer décrit la stratégie de militantisme d'Henry Spira[2], il explique l'importance des petites

1. La fonction d'utilité des animaux est une fonction concave, comme il est usuellement supposé pour les êtres humains. Ainsi, un euro supplémentaire investi augmentera davantage le bien-être social s'il est investi pour un animal en grande précarité. En supposant des fonctions d'utilité à peu près comparables entre les espèces mentionnées (par exemple, on peut comparer la sentience d'une vache et d'un chien), il serait plus efficace d'investir un euro pour améliorer la vie d'une vache, étant donné les conditions actuelles d'existence des vaches, que pour améliorer la vie d'un animal domestique.

2. Singer (2018).

victoires. De petites actions, permettant de petites avancées ou des avancées majeures pour un faible nombre d'animaux, peuvent permettre de faciliter ensuite des changements plus grands. Par exemple, la lutte contre la corrida concerne relativement peu d'animaux par rapport à l'élevage pour la consommation humaine, mais elle permet de véhiculer l'idée que la maltraitance animale n'est pas tolérable. Il est ensuite possible de capitaliser sur l'abolition de la corrida pour sensibiliser les individus à d'autres formes de maltraitance.

Tableau 1 – Bénéfices associés aux actions en faveur des animaux par catégorie d'animaux. Proposition exploratoire

Type d'animaux	Probabilité de succès	Nombre d'animaux concernés	Effet sur les animaux concernés	Effets d'engrenage
Compagnie	Important	Limité	Limité	Limité
Expérimentation	Limité	Moyen	Moyen	Moyen
Élevage	Limité	Important	Important	Important
Chasse	Moyen	Moyen	Moyen	Important
Spectacle	Moyen	Limité	Moyen	Important

Comme le résume ce tableau, il est difficile de dégager une seule catégorie d'animaux pour laquelle les bénéfices attendus de l'action de défense sont systématiquement plus élevés que pour toutes les autres. Cette diversité des bénéfices attendus pour chaque cause explique en partie la grande diversité d'associations de défense des animaux dans les pays développés. Chaque citoyen possède sa propre perception du tableau 1 (la version proposée ne reflète que ma vision, toute subjective) et il peut également attribuer un poids plus important à l'une des colonnes plutôt qu'à une autre. Parce que nous ne connaissons jamais les probabilités de succès des actions (colonne 1), parce nous n'avons pas de mesure objective du bien-être des animaux (colonne 3) et parce que nous ignorons à terme les effets d'engrenage (colonne 4), chacun peut aboutir à un ordre différent des priorités d'action. Face à cette incertitude, l'hétérogénéité des engagements en faveur des animaux peut être vue comme une forme d'assurance : quand on ignore ce qui est le plus efficace d'un point de vue social, il peut être optimal d'explorer plusieurs pistes avec une intensité modérée plutôt que de tout investir dans une seule direction.

*

Nous pouvons conclure par trois constats. Premièrement, il existe aujourd'hui une très grande marge d'amélioration du bien-être animal dans nos sociétés. Deuxièmement, on observe un très fort soutien populaire pour de telles améliorations, qui ne donne pourtant lieu qu'à peu de concrétisations législatives. Troisièmement, il apparaît difficile de hiérarchiser les revendications en matière de bien-être animal, mais les animaux exploités dans les élevages représentent une très large majorité des animaux en difficulté et connaissent, avant tout les porcs et les volailles, des conditions de vie extrêmement difficiles dans les élevages intensifs.

2. LES GAINS ALTRUISTES À AMÉLIORER LA CONDITION ANIMALE

Examinons maintenant les bénéfices indirects à l'amélioration du bien-être animal, à savoir le gain d'utilité altruiste des humains à rendre les animaux heureux. Nous étudierons dans un premier temps la manière dont les économistes mesurent habituellement les gains de bien-être social dans le cadre d'échanges économiques standards. Nous verrons ensuite les enjeux et les solutions pour évaluer ce gain de bien-être pour les biens non marchands, et ses applications au bien-être animal.

Propension à payer et surplus total

La procédure standard pour mesurer les gains d'utilité associés à une activité économique consiste à comparer les coûts de production d'un bien avec l'utilité que les consommateurs en tirent. Les gains de cette activité économique pour la société sont étudiés sous le concept de *surplus total.*

Imaginons qu'un individu souhaite acquérir un panier de légumes. Cet individu est prêt à payer jusqu'à 6 euros pour acheter ce panier. Ces 6 euros correspondent à sa *propension à payer* (*willingness to pay*), et reflètent l'utilité que ce consommateur aurait à posséder le panier de légumes. Si le prix de marché est supérieur à 6 euros, alors il n'achètera pas le panier de légumes. Si le prix est de 6 euros, il sera indifférent entre acheter ou non le panier. Si le prix est inférieur à 6 euros, l'individu achètera le panier de légumes. Dans ce dernier cas, si le prix du panier est de 4 euros, les économistes diront que le *surplus du consommateur* est de 2 euros : il obtient une utilité de 6 euros du panier de légumes et ne paie que 4 euros. Son gain d'utilité à la transaction a donc été de 2 euros.

Imaginons ensuite que nous cherchions à mesurer l'utilité pour la société entière de cette production de paniers de légumes. Pour ce faire, il nous faut prendre en compte les coûts de production de ce panier. Supposons que le panier de légumes coûte 3 euros à produire. Si le prix de marché est de 4 euros, alors le producteur du panier de légumes fera un bénéfice de 1 euro par panier de légumes vendu. On dit alors que le *surplus du producteur* est de 1 euro par panier vendu.

Le gain pour la société de la vente de ces paniers de légumes correspond au *surplus total*, à savoir la somme des surplus des consommateurs et des producteurs. Il s'agit de toute l'utilité créée dans la société par la production et la vente des paniers de légumes. Dans l'exemple précédent, il s'agit des 2 euros du surplus du consommateur et de l'euro du surplus du producteur, soit un surplus total de 3 euros par panier de légumes vendu.

Théoriquement, on s'aperçoit que le prix n'est pas nécessaire pour calculer le surplus total dans la société lié à une activité économique. En effet, les 3 euros du surplus total peuvent également s'exprimer comme la différence entre l'utilité du consommateur (6 euros) et les coûts de production (3 euros). Le prix joue ici uniquement un rôle dans la redistribution du surplus total entre les consommateurs et les producteurs.

D'un point de vue pratique, cependant, le prix est un outil essentiel pour estimer le surplus total lié à une activité. En effet, c'est à partir des décisions d'achat que l'on obtient de l'information sur l'utilité des consommateurs. En augmentant petit à petit le prix du panier de légumes, on peut trouver le prix en dessous duquel le consommateur achètera le panier de légumes et au-dessus duquel il ne l'achètera pas. Ce prix, qui rend le consommateur indifférent entre acheter et ne pas acheter le panier, correspond à la *propension à payer* du consommateur. La propension à payer nous sert donc à estimer le gain d'utilité que rapporterait ce bien au consommateur.

La science économique vise ainsi à inférer l'utilité d'un bien en fonction des décisions réelles d'achat. Les préférences des consommateurs sont déduites de leurs actes réels d'achat en fonction du prix : c'est ce qu'on appelle les *préférences révélées*.

Mesurer le gain social pour les biens non marchands

Les économistes ont cherché à mesurer le gain d'utilité pour la société à améliorer le bien-être animal de manière similaire, en comparant l'utilité que tirent les citoyens de mesures visant à améliorer le bien-être des animaux avec le coût associé à leur mise en place. La différence entre les coûts et les bénéfices (utilité) correspond également au surplus total des mesures pour le bien-être animal. Le principal défi que pose l'estimation du surplus total généré par les mesures de bien-être animal, de la même manière que les mesures environnementales, est l'absence de prix de marché : la fin de la castration à vif dans les élevages n'est pas un bien que peuvent acheter les citoyens au supermarché, à partir duquel nous pourrions inférer leur utilité.

Pour répondre à ce problème, les chercheurs en économie du bien-être animal ont fait appel aux méthodes d'évaluation contingente (*contingent valuation methods*) principalement développées en économie de l'environnement pour mesurer l'utilité que retire la population de mesures de protection de l'environnement. Ces méthodes cherchent ainsi à mesurer la propension à payer des citoyens (qui refléteraient leur utilité) pour des biens qui n'ont pas de prix. En l'absence de tels prix, elles utilisent des réponses à des questionnaires hypothétiques[1]. On peut généralement distinguer quatre types de questions que posent les chercheurs aux citoyens pour mesurer leur propension à payer[2].

1. Les économistes préfèrent analyser les choix réels des individus plutôt que de recourir à des choix hypothétiques (c'est-à-dire des choix déclaratifs, qui n'ont pas de conséquences réelles). Néanmoins, il est difficile de juger des choix réels quand il s'agit de changement de législation, si ce n'est en analysant les décisions de vote (qui sont cependant rares et anonymes). Les questionnaires hypothétiques représentent ici la meilleure option méthodologique disponible. Pour limiter le biais hypothétique, les questionnaires comportent quelques phrases en introduction demandant aux personnes interrogées de répondre le plus fidèlement possible, comme s'il s'agissait d'une décision réelle.

2. Fonta, Ichoku et Kabubo-Mariara (2010).

Premièrement, certains chercheurs demandent aux individus s'ils seraient prêts à payer un certain montant donné pour qu'une mesure soit mise en place. Par exemple : *Accepteriez-vous de payer X euros par an pour créer trois refuges en France pour les animaux domestiques abandonnés ?* Ce type de questions à choix binaire (*dichotomous choice*) cherche à reproduire une situation de marché où le consommateur décide ou non d'acheter un bien. Le problème associé à cette question est que l'on ignore la propension à payer d'un consommateur, et qu'elle nous permet seulement de savoir si cette propension à payer est inférieure ou supérieure au montant X proposé dans la question.

La deuxième possibilité, appelée *bidding-game*, vise à répondre à ce problème en posant plusieurs fois ladite question mais avec des prix différents. Si l'individu répond « Non » pour un montant X (par exemple, 3 euros), alors on teste avec un montant plus faible (par exemple, 2 euros). Au contraire, si l'individu répond « Oui », on teste ensuite avec un montant plus élevé (4 euros). En répétant le processus, on arrive à circonscrire la propension à payer d'un répondant dans un intervalle relativement resserré. Cette deuxième technique est plus efficace que la première pour révéler la propension à payer mais souffre d'un biais de point de départ (*starting point bias*) : les répondants peuvent être influencés par la première option qui leur est proposée. Elle comporte également le risque de lasser les participants avec de longues séries de questions.

La troisième option consiste à présenter à des participants une série d'intervalles : entre 0 euro et 1 euro, entre 1 et 2 euros, etc. Cette option, dite des cartes de paiement (*payment cards*), permet de limiter les deux problèmes du *bidding-game*. Elle présente néanmoins ce qu'on appelle un biais d'amplitude (*range bias*) : la réponse des participants à l'enquête peut être influencée par l'étendue des choix proposés. En effet, un participant peut répondre différemment en fonction de l'éventail de choix qui lui est proposé (par exemple si le montant maximal proposé est de 10 euros ou 20 euros).

La dernière possibilité consiste à recourir à des questions ouvertes (*open-ended questions*) en demandant aux participants leur propension à payer. Par exemple : *Combien seriez-vous prêts à payer au maximum pour créer trois refuges en France pour les animaux domestiques abandonnés ?* Ces questions ouvertes ont l'avantage de contenir plus d'informations statistiques (on connaît le montant maximum exact) mais sont plus éloignées des situations de marché : on ne demande pas à un consommateur au supermarché le montant maximal qu'il est prêt à payer pour acquérir un bien. Les participants peuvent avoir plus de mal à répondre à ces questions, mais elles limitent le biais de l'enquêteur.

Surplus social altruiste lié à la condition animale

Dans une étude publiée en 2019[1], Richard Bennett et ses co-auteurs utilisent ces méthodes d'évaluation contingente pour mesurer le gain d'utilité pour la

1. Bennett, Balcombe, Jones et Butterworth (2019).

population de la mise en place de la législation européenne (EU Broiler Directive) entrée en vigueur en juin 2010 et visant à améliorer le bien-être des poulets d'élevage. Leur travail repose sur les déclarations de 655 participants résidant au Royaume-Uni et utilise la méthode des cartes de paiement. Lors de l'enquête, les auteurs ont demandé aux individus combien ils seraient prêts à payer pour leur foyer par semaine, en sus de leurs dépenses habituelles, pour que la viande de poulet vendue dans le pays respecte les conditions d'élevage telles que celles prévues par la directive européenne par rapport au prix de marché préexistant. Les répondants devaient indiquer, pour une liste de coûts supplémentaires allant de 0,05 à 4 livres sterling (ou plus) par semaine, s'ils seraient prêts à payer ce surcoût pour voir la législation proposée entrer en vigueur.

Les auteurs montrent qu'une part relativement faible de l'échantillon (6,8 % des répondants) indique ne rien vouloir payer pour améliorer le bien-être des poulets. Les auteurs estiment que l'individu médian[1] se déclare prêt à payer pour son foyer jusqu'à 21,5 livres sterling de plus par an pour améliorer le bien-être des poulets, comme le prévoit la directive européenne. Puisque le Royaume-Uni comptait environ 23,4 millions de foyers à la date de l'étude, les auteurs concluent que la propension à payer pour tout le Royaume-Uni s'élèverait à 504 millions de livres sterling. En supposant que la propension à payer représente fidèlement

1. L'individu médian est l'individu qui sépare la population en deux parts égales : 50 % des individus sont prêts à payer davantage que lui, 50 % sont prêts à payer moins que lui.

l'utilité que l'on retire d'un bien, la mise en place de la directive EU Broiler apporterait au Royaume-Uni une utilité équivalente à 504 millions de livres sterling par an. Les auteurs comparent enfin ce montant avec les coûts associés à la mise aux normes de l'industrie agro-alimentaire. En se fondant sur un rapport anglais, ils estiment le coût de la mise en place de la nouvelle législation à environ 21,7 millions de livres sterling. En d'autres termes : la législation européenne EU Broiler rapporterait 23 fois plus de bénéfices à la population qu'elle ne coûterait à l'industrie. Les auteurs discutent néanmoins plusieurs limites à leur travail et estiment, dans le scénario le plus pessimiste, que les bénéfices seraient au moins 15 fois supérieurs aux coûts de mise en œuvre.

Ce type de travaux ouvre la voie à de meilleures évaluations des politiques publiques sur les mesures visant à améliorer le bien-être animal, en prenant en compte le gain d'utilité indirecte dans la fonction de bien-être social. L'étude de Richard Bennett conclut à des effets très importants. Très peu de politiques publiques peuvent se targuer d'avoir un tel taux de rentabilité en matière de bien-être pour la population : pour un euro investi dans le bien-être des poulets, on augmente de 23 euros l'utilité de la population humaine. De plus, ce type d'études ne prend en compte que les gains d'utilité indirecte et omet le bien-être des poulets pour eux-mêmes (gains directs). Si l'on prend une approche universelle de la fonction de bien-être social et que l'on considère ainsi le bien-être des poulets pour eux-mêmes, le rendement d'utilité pour 1 euro investi dans l'amélioration du bien-être des poulets serait largement supérieur à 1 pour 23. En d'autres termes, on aurait ici une politique publique des plus efficaces.

D'un point de vue plus global, Beth Clark et ses co-auteurs (2017) proposent une méta-analyse des propensions à payer en matière de bien-être animal[1]. L'objectif des méta-analyses est d'examiner l'ensemble des résultats publiés sur un sujet pour discerner les tendances communes à toutes ces études. En effet, il est parfois difficile de tirer des conclusions universelles sur la base des résultats d'une seule étude : comment être sûr que les résultats obtenus ne dépendent pas uniquement de l'échantillon des participants ayant répondu à l'enquête ? En d'autres termes : comment peut-on être sûr que ce que l'on observe n'est pas dû au hasard ? Les résultats d'une étude informent toujours sur l'état du monde, et il est même normal d'un point de vue statistique d'avoir des études qui se contredisent. Cependant, si 95 % des études donnent des conclusions comparables, alors on peut être raisonnablement confiant dans la conclusion commune qu'elles portent.

Après un important travail de recensement des études académiques traitant de ces questions, Beth Clark et ses co-auteurs (2017) retiennent 54 travaux scientifiques. Les auteurs se focalisent sur les animaux d'élevage qui, nous l'avons dit, représentent la catégorie d'animaux où le potentiel d'amélioration d'utilité est le plus élevé pour les animaux eux-mêmes (gains directs). La plupart des études retenues dans l'analyse

1. Clark, Stewart, Panzone, Kyriazakis et Frewer (2017).

ont été menées en Europe (56 %) et les deux produits d'origine animale les plus étudiés étaient les œufs et la viande de porc. Parce que certaines études avaient davantage de participants dans leur échantillon, les auteurs ont attribué des poids plus importants aux travaux ayant les échantillons les plus larges[1].

Le premier résultat de cette méta-analyse est que la propension à payer pour les animaux est significativement positive pour la très grande majorité des études analysées. Les auteurs montrent également que la qualité des estimations s'est significativement améliorée au cours du temps, ce qui a contribué à diminuer l'incertitude des estimations.

Le second résultat intéressant de l'étude concerne l'hétérogénéité des propensions à payer en fonction des animaux. Les auteurs montrent en effet que les citoyens et consommateurs sont prêts à payer le plus pour les mesures à destination des bovins (exploités pour la production de lait ou de viande). Les poules et les poulets se situent au milieu du spectre, alors que les poissons et les cochons obtiennent les propensions à payer les plus faibles. Plusieurs questions se posent alors. On peut certes voir ici des préférences spécistes, à savoir une préférence pour aider davantage des animaux dont nous nous sentons le plus proches. Mais d'autres explications, qui ne sont pas mentionnées dans l'étude, peuvent rendre compte de ces résultats. Premièrement, il est possible que les mesures proposées dans les enquêtes pour améliorer

1. Les poids des régressions et des moyennes pondérées ont été calculés en fonction de la taille des échantillons.

la condition des animaux soient très différentes en fonction des animaux. Les répondants peuvent être prêts à payer davantage pour les mesures ayant les effets les plus importants ; or, ces mesures sont précisément proposées pour les bovins. Deuxièmement, il est possible que les participants aux enquêtes aient des niveaux de connaissance différents sur les conditions de vie des animaux ou sur leurs besoins vitaux. Si l'on ignore par exemple que la très grande majorité des poulets en France sont issus de l'élevage intensif, on peut difficilement comprendre pourquoi l'on aurait besoin de mesures pour les aider.

Cette seconde explication est envisagée par une précédente méta-analyse de Carl Johan Lagerkvist et Sebastian Hess (2011). Dans ce travail, les auteurs montrent que les études qui expliquent le plus aux participants les conditions d'élevage sont celles qui induisent la plus grande propension à payer. Les auteurs concluent ainsi que la population demeure sous-informée sur le sujet du bien-être animal. Ils caractérisent le bien-être animal comme un *bien de crédence*, à savoir un produit pour lequel on ne peut pas vraiment connaître l'utilité, car nous ne possédons pas toute l'information le concernant. Les auteurs pensent ainsi que la propension à payer pour le bien-être animal pourrait être plus grand que ce qui est estimé, car les individus sont optimistes sur les conditions de vie des animaux.

Le troisième résultat du travail de Beth Clark et ses co-auteurs est que la propension à payer dépend fortement des caractéristiques sociodémographiques des personnes interrogées. Les femmes sont prêtes à payer davantage pour améliorer le bien-être des animaux. De manière naturelle, la propension à payer augmente avec le revenu disponible des ménages. On observe également une plus forte propension à payer dans les milieux les plus diplômés. Enfin, l'étude montre que la propension à payer diminue avec l'âge : les personnes les plus jeunes sont davantage préoccupées par le bien-être animal. Lagerkvist et Hess (2011), qui avaient observé la même relation, indiquaient ne pas savoir si ces résultats capturent un vrai effet d'âge (plus on vieillit, moins on se soucie des animaux) ou bien un effet générationnel (les plus jeunes générations sont davantage conscientes du problème).

*

Cette deuxième partie montre que des méthodes économiques et statistiques ont été développées afin de mesurer le gain altruiste à améliorer le bien-être des animaux. La première partie a montré que si nous intégrons les animaux dans le bien-être social, alors nous gagnerions grandement à améliorer la condition animale. Cette deuxième partie permet de voir cependant que, même si nous adoptons une vision *instrumentale* du bien-être animal, les gains altruistes à améliorer la condition des animaux d'élevage peuvent être très élevés et surpassent souvent les coûts de mise en place des mesures associées Ainsi, dès que nous rejetons une approche *purement anthropocentrique* du monde, il apparaît que notre société devrait s'efforcer à améliorer la condition des animaux, en particulier ceux exploités dans les élevages.

Chapitre III

Pourquoi continue-t-on d'exploiter les animaux dans de telles conditions ?

Nous avons également vu que les animaux connaissent aujourd'hui des conditions de vie très difficiles. Quelques chanceux, parmi lesquels les animaux domestiques, bénéficient d'un cadre juridique protecteur, tandis que la très grande majorité des animaux vivent dans des élevages intensifs où leurs besoins physiologiques primaires ne sont pas respectés. Et cependant, cette large consommation de produits issus de l'élevage intensif (surtout pour les volailles et les porcs) s'oppose à la volonté de 88 % des Français de voir ces animaux mieux traités[1]. On observe ainsi un souci sincère de la population envers les animaux mais une consommation de viande qui implique nécessairement de leur faire du mal, ne serait-ce que lors de la mise à mort. Cette schizophrénie entre notre souci pour le bien-être des animaux et les conditions d'existence très difficiles dans lesquelles nous les exploitons, a été désignée par de nombreux chercheurs sous le terme de *paradoxe de la viande*[2].

1. Voir Eurobaromètre 2016.
2. Bastian et Loughnan (2017).

Si la production de viande est certes l'une des principales sources de souffrance animale dans notre monde, l'exploitation animale ne saurait s'y limiter. Les cirques, les corridas, le trafic d'animaux domestiques et sauvages y contribuent également. On peut y ajouter la chasse à courre, la chasse à la glu, les pêches de loisir, les delphinariums et de nombreuses autres pratiques. Le paradoxe de consommation dans lequel nous sommes concerne ainsi de multiples formes d'exploitation des animaux. Mais pourquoi continue-t-on ainsi à exploiter les animaux, et dans de telles conditions, alors qu'en même temps nous nous en soucions autant ? En d'autres termes, quelles pourraient être les théories qui expliquent l'existence du *paradoxe de l'exploitation animale ?*

Certains individus profitent de l'exploitation des animaux parce qu'ils sont simplement égoïstes et ne se soucient pas des conséquences de leur consommation ou de leur production sur l'environnement ou le bien-être animal. Cet argument est sans nul doute valide et explique une partie importante de l'exploitation animale. Il serait vain d'essayer de convaincre un individu qui ne se soucie que de lui-même d'arrêter de manger de la viande pour améliorer la condition des animaux. Cependant, contrairement au modèle du sujet égoïste et rationnel (*homo œconomicus*) qu'a longtemps considéré la science économique, nous savons qu'une part importante d'individus présentent des préférences altruistes. Ainsi, la question fondamentale est de savoir pourquoi les individus altruistes continuent à imposer de telles conditions de vie aux animaux qu'ils aiment et qu'ils disent vouloir aider.

Nous examinons ici plusieurs théories pouvant expliquer le paradoxe de l'exploitation animale. Elles n'ont pas toutes reçues le même niveau d'attention par la littérature en économie et en psychologie. Si une partie d'entre elles ont été largement discutées, comme c'est le cas de la dissonance cognitive, je présente de manière plus prospective certaines théories qui peuvent enrichir la discussion mais qui pour l'heure n'ont pas ou peu été appliquées à la question de l'exploitation animale. On notera que les économistes ont historiquement eu tendance à considérer qu'il est plus important de démontrer l'existence de grands principes fondamentaux (recherche fondamentale) que d'étudier s'ils s'appliquent à des situations concrètes (recherche appliquée). Ainsi, s'il existe peu de travaux en économie sur l'exploitation animale, le bagage théorique soutenant chacune de ces théories est cependant solide. La grande inconnue est de savoir si leur application effective au cas particulier de l'exploitation animale est pertinente.

Il existe historiquement des différences fondamentales entre économie et psychologie, mais ces différences se sont estompées avec le développement de l'économie comportementale. Nous en évoquerons cependant deux.

La première est que les économistes s'intéressent principalement aux *comportements* des acteurs et non pas à leurs intentions (*attitudes*, en anglais). Les comportements réfèrent à ce que font vraiment les agents (par exemple, leurs décisions d'achat), tandis que les intentions renvoient à ce que les agents déclarent vouloir faire (par exemple, ce qu'ils comptent acheter).

La distinction entre les deux est importante car le paradoxe de l'exploitation animale postule précisément qu'il y a un écart entre ce que les individus disent vouloir faire pour les animaux et ce qu'ils font réellement. On appelle cela le fossé comportement-intentions (*attitude-behavior gap*).

La seconde différence, qui découle de la première, est que les économistes s'intéressent aux décisions ayant des effets *réels* plutôt qu'aux décisions dans des situations hypothétiques. Ils analysent ainsi dans leurs expériences comment les consommateurs dépensent réellement leur argent en leur faisant prendre des décisions d'achat ayant des conséquences sur la somme avec laquelle ils quitteront l'expérience. Au contraire, les psychologues demandent aux individus ce qu'ils *feraient* s'ils étaient hypothétiquement confrontés à cette situation.

Les théories présentées ne sont pas mutuellement exclusives, et il apparaît évident que plusieurs d'entre elles, en coexistant, concourent à expliquer l'existence du paradoxe de l'exploitation animale. Les individus peuvent être réellement ignorants des conditions d'exploitations des animaux, mais également se mentir à eux-mêmes. Ils peuvent être prêts à agir pour le bien-être animal, mais seulement si l'effort est collectif. Les consommateurs peuvent prendre leurs décisions d'achat sans réfléchir et de manière automatique, ou encore agir pour se donner bonne conscience. Ils peuvent en outre avoir l'impression de perdre en liberté s'ils arrêtaient de manger de la viande alors que les souffrances animales leur paraissent lointaines. Enfin, il se peut que tous ces phénomènes se combinent lors des interactions sociales et qu'une croyance collective prenne forme sur le fait que l'exploitation animale n'est pas si néfaste.

1. IGNORANCE SINCÈRE

La première raison pouvant expliquer le paradoxe de l'exploitation animale est celle de l'ignorance sincère. Il est en effet possible qu'une part importante des individus altruistes ne se rende pas compte des conditions de vie très difficiles des animaux exploités. Or, comprendre comment nos actions contribuent à ces souffrances animales est une condition préalable pour changer nos comportements.

Cette explication, triviale de prime abord, est en vérité complexe à appréhender parce qu'il est difficile de la quantifier. Quand un individu déclare ne pas savoir si les animaux dans les élevages en France sont aujourd'hui majoritairement bien ou mal traités, il est difficile de savoir ce qui relève de l'ignorance sincère, du mensonge qu'il se fait à lui-même pour soulager sa conscience sur sa consommation de viande ou du mensonge qu'il tient à son interlocuteur pour ne pas passer pour quelqu'un d'égoïste. Nous le verrons, de nombreux travaux considèrent qu'il est réellement possible que des individus soient ignorants en toute bonne foi. Il semblerait que les associations de défense des animaux soient également conscientes de cet enjeu d'ignorance sincère. Dans un récent travail, j'observe que 58 % des associations de défense de la cause animale[1] sont d'accord avec l'idée que « les gens mangent de la viande parce qu'ils ne savent pas ce qui se passe dans l'industrie de la viande[2] ». Un problème connexe est que l'ignorance entretient l'ignorance : pour savoir qu'on ne sait pas, encore faut-il savoir un peu. En d'autres termes, si les seuls animaux que nous voyons vivent dans de bonnes conditions, nous n'avons pas de raison d'aller nous renseigner sur la condition animale.

Le manque d'accès direct à l'information sur les conditions de vie des animaux peut expliquer que l'ignorance sincère soit aujourd'hui un facteur important du paradoxe de l'exploitation animale. Tout d'abord, la loi Grammont de 1850 a pu avoir un effet contreproductif sur la cause animale. En interdisant les actes de malveillance envers les animaux dans la sphère publique, cette loi a pu déplacer la maltraitance dans la sphère privée, et a ainsi conduit à cacher la souffrance des animaux aux yeux de la collectivité. Il en a résulté que les seules relations humains-animaux que nous pouvions par la suite observer étaient les relations bienveillantes, nous laissant croire que la souffrance animale avait disparu.

On peut noter que cette distanciation entre notre quotidien et la souffrance animale est un phénomène qui a débuté dès le début du XIXe siècle. Le chercheur Damien Baldin explique que les abattoirs ont été établis à cette époque aux limites des villes dans

1. Les réponses des associations sont pondérées par rapport à leur audience afin de corriger la représentativité des petites associations.
2. Espinosa (2020).

l'intention de cacher le spectacle de la violence aux yeux de la population[1]. Le but premier n'était pas de supprimer la violence, mais de la dissimuler aux yeux des plus compatissants. Derrière cette politique publique, il y avait le projet politique de créer une société pacifiée : on estimait que supprimer de la vie quotidienne la violence envers les animaux, permettrait à terme de réduire la violence entre êtres humains.

La dissimulation de la souffrance animale aux yeux du public s'est accentuée au cours du XXe siècle avec le développement de l'élevage industriel. Alors que nos grands-parents ou nos arrière-grands-parents pouvaient voir des animaux vivre à la ferme, il existe maintenant des fermes-usines où les animaux sont élevés sans avoir accès à l'extérieur et qui abritent 83 % des poulets et 95 % des cochons. Parce que ces animaux n'ont pas accès à l'extérieur, nous sommes dans l'incapacité d'évaluer directement leurs conditions de vie.

Cette ignorance sincère est largement entretenue par les tenants de l'exploitation intensive. On observe, de fait, un grand décalage entre la communication sur les prétendues conditions de vie des animaux détenus dans ces exploitations intensives, et la réalité. Ces pratiques induisent volontairement le consommateur en erreur. Un des exemples les plus frappants est celui de la campagne « Venez vérifier » lancée par Fleury Michon, qui mettait en avant la transparence en incitant les consommateurs à « venir vérifier » dans les

1. France Culture, « LSD » : « Filmer le sang des bêtes. Une histoire des images, de Georges Franju aux vidéos de L214 », épisode 2/4 des *Paradoxes de la viande*.

élevages les conditions de vie des animaux, afin de montrer qu'ils n'avaient rien à cacher en matière de bien-être animal. Dans cette campagne publicitaire, on observait des cochons évoluer de manière heureuse avec les exploitants. Pourtant, en mai 2019, l'association DxE France, accompagnée du député Bastien Lachaud, visitait un des élevages concernés et publiait ensuite des images en très nette opposition avec la campagne publicitaire. On y voyait des cochons vivre sur caillebotis dans de grands bâtiments sans fenêtres parmi des congénères morts laissés à même le sol et des truies enfermées dans des cages sans possibilité de se mouvoir[1].

Le décalage entre l'image véhiculée par les industriels et la réalité des élevages intensifs n'est pas le propre de cette société, et le très grand nombre de vidéos embarquées diffusées tous les ans laisse penser qu'il ne s'agit pas de quelques exceptions dans l'élevage intensif. Les marchands de doute[2] sont très nombreux sur le sujet et maintiennent les consommateurs dans l'ignorance à grand renfort de campagnes publicitaires et de communication. Le chiffre d'affaires de la filière viande s'élève aujourd'hui à plus de 30 milliards d'euros annuels en France[3], et une part importante des dépenses est consacrée à des

1. France 3 Régions, « Mayenne : des militants animalistes prennent au mot le slogan de Fleury Michon », 27 mai 2019.

2. En référence à l'ouvrage *Les Marchands de doute*, de Conway et Oreskes (2010), qui montre comment les lobbies industriels du tabac ou du pétrole ont réussi à semer la confusion et discréditer les scientifiques.

3. INSEE, « L'industrie de la viande : premier secteur des industries alimentaires, touché par des crises répétées », 29 octobre 2018.

campagnes publicitaires nationales. En outre, la filière viande finance des groupes de lobbying tels que l'Interprofession Bétail et Viande (Interbev) qui bénéficiait en 2016 d'un budget de 36,5 millions d'euros pour promouvoir la viande[1]. À cela, s'ajoutent les communications de la FNSEA, grand défenseur de l'élevage intensif, qui peut compter sur un budget de 12 millions d'euros abondé en grande partie par de l'argent public[2]. Ainsi, la très grande fréquence de messages en faveur de l'élevage et les moyens considérables qui y sont dévolus arrivent à compenser l'effet des vidéos embarquées et autres révélations des associations de défense des animaux. Ces informations contradictoires conduisent le consommateur à douter et, finalement, à rester dans l'ignorance : on ne peut croire personne.

Le dernier élément de preuve pour rendre compte de l'importance de l'ignorance sincère sur la condition animale concerne les véganes. En effet, il apparaît que mêmes les personnes les plus au fait des externalités de l'exploitation animale sont ignorantes de nombreux sujets. Dans une expérience que nous avons menée avec Jan Stoop et sur laquelle nous reviendrons, nous avons testé le niveau de connaissances sur plusieurs dimensions associées à la consommation de produits d'origine animale. Les véganes et végétariens avaient de meilleurs scores de connaissances que les consommateurs de viande, mais ces premiers n'obtenaient en moyenne « que » 83 % de bonnes réponses. De

1. France Info, « "Lundi Vert" : le lobby de la viande défend son bout de gras », 14 février 2019.

2. *Le Figaro*, « Que pèse aujourd'hui la FNSEA sur la scène agricole ? La réponse en 5 chiffres-clés », 31 mars 2016.

manière comparable, dans une première version du travail de Nina Hestermann et ses co-auteurs[1] (2017), les auteurs montrent, au travers d'une enquête sur la population française, que les végétariens sous-estiment significativement le nombre de porcs élevés dans des élevages intensifs en France. Ainsi, si même les personnes les plus informées et qui n'ont pas intérêt à se mentir sur le sujet font des erreurs, il y a de fortes probabilités que les personnes qui ne font pas de recherches précises sur le sujet soient elles aussi réellement ignorantes.

2. LA DISSONANCE COGNITIVE

La théorie la plus explorée pour expliquer le paradoxe de l'exploitation animale est celle de la *dissonance cognitive*. Ce concept, élaboré par Leon Festinger (1962), rend compte de ce fait, qu'il nous arrive d'être dans des situations où nous désirons faire des choix contraires à ce que nous préconisent nos valeurs morales. Nous nous trouvons alors dans une tension psychologique désagréable, appelée dissonance cognitive. Les travaux en psychologie considèrent que les individus souffrent de cette tension et essaient de la résoudre. Pour ce faire, deux stratégies s'offrent à eux : changer leurs actions pour les mettre en adéquation avec leurs injonctions morales ou modifier

1. Hestermann, Le Yaouanq et Treich (2017).

leurs valeurs morales pour qu'elles s'accordent avec leurs actions[1].

Adopter un comportement qui concorde avec ses injonctions morales apparaît de prime abord comme la solution la plus immédiate (lorsque que l'on essaie de faire dans notre vie ce qui nous paraît « juste »). Mais cela peut nous être coûteux psychologiquement et tout le monde n'a pas la volonté suffisante pour le faire. Ainsi, nous pouvons être tentés de réajuster nos injonctions morales de sorte que notre comportement ne nous paraisse plus si condamnable. On s'engage alors dans ce que les psychologues ont appelé un *raisonnement auto-complaisant* (*motivated reasoning*), qui vise, soit à redéfinir nos principes moraux, soit à nous mentir sur les implications de nos actes. En redessinant la portée de nos principes éthiques, nous excluons les animaux de la sphère morale : dès lors, nous n'avons plus d'obligations envers eux et il devient possible de manger de la viande. En nous mentant sur les dommages que nos comportements génèrent, nous nous sentons moins mal à l'aise d'exploiter les animaux car nous nous nous sommes convaincus que cela ne leur cause pas de tort.

Imaginons par exemple un individu, Julien, qui est moralement contre la violence mais qui, en même temps, aime manger de la viande. Son envie de manger de la viande est incompatible avec son exigence de non-violence car elle implique la mise à mort d'un animal. De plus, au vu de la pression démographique, sa consommation régulière de viande induit

1. Loughnan *et al.* (2014).

nécessairement à l'échelle agrégée une production en masse, à savoir un recours à l'élevage intensif. Cette consommation le place donc dans une situation de dissonance cognitive. La première solution pour Julien consisterait à devenir végétarien. Comme le constate Matthew B. Ruby (2012), les végétariens étant minoritaires mais le souci pour les animaux étant très répandu, la plupart des individus ne semblent pas opter pour cette solution. La seconde solution serait pour lui de modifier ses injonctions morales ou ses croyances sur les dommages qu'il génère aux animaux afin qu'elles n'exigent plus de lui de devenir végétarien.

Ainsi, une première option pour Julien serait de changer ses principes moraux, et de considérer désormais que seule la violence contre les êtres humains est condamnable. Ce changement de principe moral est néanmoins coûteux psychologiquement pour Julien car il se rend compte que, si sa motivation est d'éviter de générer de la souffrance dans le monde, alors il n'y a pas de raison d'exclure les animaux de ses considérations morales, eux aussi étant capables de souffrir. Une autre option consisterait à estimer que, finalement, la consommation de viande n'est pas si néfaste pour les animaux (par exemple : les cochons ne ressentent pas vraiment la douleur comme nous l'entendons, il s'agit un cri mécanique qu'ils poussent quand on les égorge), ou bien qu'elle est nécessaire (par exemple : arrêter la consommation de viande conduirait à des carences). Là encore, Julien sait plus ou moins consciemment qu'il essaie de se convaincre d'une réalité en contradiction avec les informations dont il dispose, ce qui lui est également coûteux. Ces entorses cognitives, envers nos principes moraux ou envers nos croyances sur les conséquences de nos actes, représentent des *coûts d'auto-illusion* (*self-deception costs*).

Joel Cooper (2007) définit quatre prérequis pour qu'une situation puisse conduire à une forme de dissonance cognitive. Premièrement, il est important que les individus aient un fort pouvoir de décision sur les actions considérées. En effet, un individu ne pourrait être tenu responsable d'actes qu'il n'a pas décidés. Deuxièmement, les individus doivent avoir un intérêt fort pour les actions en jeu. Il n'y a pas d'intérêt à se mentir ou à essayer de se justifier pour une action où nous n'avons pas ou peu d'enjeux personnels. Troisièmement, les actions moralement condamnables doivent induire des externalités négatives, à savoir des dommages à d'autres individus : un individu n'a pas à se blâmer si ses actions n'affectent pas négativement autrui (au sens large). Quatrièmement, les actions incriminées doivent avoir des conséquences prévisibles. On ne peut reprocher à quelqu'un l'une de ses actions s'il ne pouvait prévoir le mal qui allait en découler.

On constate que la consommation de produits d'origine animale répond pleinement à ces quatre conditions. Reprenons l'exemple de Julien. Il possède *a priori* un fort pouvoir de décision car il décide des repas qu'il prend au quotidien (en faisant ses courses ou en commandant au restaurant). Il remplit donc la première condition. De plus, l'enjeu de la souffrance est en général très fort pour Julien, qui ne souhaite pas se voir comme un tueur ou comme quelqu'un dont les actions font souffrir les autres, ce qui remplit la deuxième condition. Enfin, la consommation de viande génère des dommages aux animaux, et ce, de manière certaine, car elle implique nécessairement leur mise à mort, ce qui remplit les troisième et quatrième conditions.

Plusieurs études ont démontré l'existence de formes de dissonance cognitive concernant la consommation de produits d'origine animale. Dans une expérience, Steve Loughnan et ses co-auteurs (2010) ont proposé de manière aléatoire à des participants de manger du bœuf ou de la banane. Une fois le plat consommé, les auteurs ont demandé à ces participants d'indiquer les droits moraux dont disposent les vaches à leurs yeux. Les données récoltées montrent que les participants ayant consommé du bœuf reportent des obligations morales envers les vaches significativement plus faibles que ceux ayant consommé de la banane[1]. Cette variation dans les réponses en fonction du plat mangé est caractéristique de la dissonance cognitive : quand des individus consomment de la viande, ils ont tendance à diminuer les considérations morales qu'ils portent aux animaux tués afin de diminuer le poids moral de leurs actes.

L'étape suivante, et peut-être la plus importante, est d'estimer la proportion d'individus ou de croyances qui sont sujets à la dissonance cognitive. Du point de vue des politiques publiques, il est important de comprendre la prévalence de l'auto-illusion dans la

1. Loughnan, Haslam et Bastian (2010).

consommation de produits d'origine animale. Il est possible, en effet, que l'auto-illusion soit relativement marginale, et qu'en réalité, la forte consommation de viande provienne surtout d'un faible niveau de considération morale pour les vaches avant même de consommer de la viande.

Dans un récent travail co-écrit avec Jan Stoop, nous cherchons à développer une méthode visant à mesurer l'importance de la résistance à l'information[1]. Notre idée de départ est la suivante : la théorie de la dissonance cognitive suppose que les individus savent au fond d'eux qu'ils génèrent des dommages aux autres par leur comportement. Ils s'engagent dans de l'auto-illusion visant à se persuader que leur comportement n'est pas si néfaste que cela afin de réduire les coûts moraux associés à l'action dommageable. Ce mensonge possède un coût psychologique (si l'on suppose qu'il est désagréable de se mentir à soi-même). La théorie de la dissonance cognitive prédit ainsi que si le coût du mensonge est trop élevé, alors les individus préfèrent ne pas se mentir. L'idée de notre travail est précisément d'exploiter le fait qu'un coût trop élevé au mensonge empêche les individus de se mentir.

Dans notre étude, nous cherchons ainsi à distinguer ce qui relève de la vraie ignorance et ce qui relève de l'ignorance feinte. Pour ce faire, nous définissons un sujet pour lequel nous souhaitons mesurer l'ignorance sincère et l'ignorance feinte des individus et développons une liste de questions associées. Les questions

1. Espinosa et Stoop (2020).

sont affichées sous forme d'affirmations et les participants doivent dire si ces affirmations sont vraies ou fausses. Nous considérons par exemple dans notre étude l'affirmation suivante : « La vaste majorité de la production de soja (qui est le facteur le plus important de déforestation) est utilisée pour produire des aliments véganes tel que le tofu. » Cette affirmation est fausse : comme le rapporte WWF dans son rapport *Mapping the Soy Supply*[1], la production de soja est avant tout destinée à nourrir les animaux d'élevage.

Le cœur de notre travail consiste à comparer les réponses données à ces affirmations dans deux types de cas : quand les participants sont rémunérés par un montant fixe pour participer à l'expérience quelles que soient leurs réponses, ou bien pour chaque affirmation qu'ils ont correctement reconnue. Dans le premier cas de figure, feindre l'ignorance n'est pas coûteux pour les individus : quoi qu'ils indiquent, les participants obtiennent le même revenu. Dans le second traitement, le mensonge devient coûteux : quand les individus indiquent qu'une affirmation est fausse (ou vraie) alors qu'ils savent qu'il s'agit du contraire, ils perdent de l'argent. Ainsi, dans le second cas, comme le mensonge est coûteux, les participants ne feindront pas l'ignorance et déclareront leurs vraies croyances sur les affirmations listées. En comparant les réponses fournies dans le questionnaire *hypothétique* (le premier) et le questionnaire *incité* (le second), nous pouvons avoir une approximation de ce qui relève de l'ignorance

1. WWF, « Mapping the soy supply chain in Europe », 17 mai 2015.

sincère et ce qui relève de l'ignorance feinte (dissonance cognitive[1]).

Le travail porte sur l'existence de l'ignorance feinte pour trois sujets : l'alimentation de produits d'origine végétale et animale, la consommation d'alcool et l'immigration. À partir des réponses données par les 7 000 Anglais ayant participé à notre étude en ligne, nous concluons que seule la question de l'alimentation végétale et animale est sujette à de la dissonance cognitive. Nous estimons ainsi qu'entre 12 % et 13 % des croyances au moins résultent de l'ignorance feinte. Un tel résultat apporte des éléments supplémentaires aux théories de la dissonance cognitive pour expliquer le paradoxe de l'exploitation animale.

Hank Rothgerber (2014) examine les stratégies cognitives visant à altérer les injonctions morales pour justifier la consommation de produits d'origine animale en trois grandes catégories. Le premier groupe de mécanismes cognitifs sont les stratégies dites d'*invisibilisation*, qui visent à cacher ou à éviter de voir les externalités négatives qu'engendre la consommation carnée. Cette catégorie regroupe les stratégies d'*évitement*, de *dissociation* et de *perception comportementale complaisante*.

Au travers des stratégies d'évitement, l'individu refuse d'être confronté aux conséquences négatives de l'action incriminée : en lisant le journal, on saute la

1. Notre étude conduit à sous-évaluer la dissonance cognitive car les incitations proposées aux participants sont modestes : il s'agit d'un *lower bound*. Cependant, on détecte déjà de la résistance à de l'information de manière significative pour de faibles incitations.

page qui relate les conditions d'élevage des animaux, ou l'on change de chaîne à la télévision quand un documentaire sur la condition animale débute. Les stratégies de dissociation consistent quant à elles à dissocier l'animal des produits dérivés que nous consommons. On peut par exemple penser ici à certains individus qui demandent à ce que leur steak soit « bien cuit » pour que la couleur rouge ne leur rappelle pas l'animal mort. On trouve enfin des stratégies de perception comportementale complaisante qui conduisent les individus à sous-estimer l'intensité ou la fréquence de leurs comportements néfastes : ce sont par exemple les individus qui, conscients du problème, sous-estiment *a posteriori* leur consommation de viande (par exemple : manger une tranche de jambon le soir n'est pas vu comme manger de la viande).

La deuxième catégorie regroupe les *stratégies de dénigrement*, dont le but est de dénigrer la victime afin de réduire le coût moral de l'action. Elle recouvre les stratégies visant à nier la souffrance animale[1], et celles de déni des capacités cognitives des animaux.

La troisième catégorie inclut les *stratégies de déni de responsabilité*, lorsque l'individu prétend agir parce qu'il n'a pas le choix. Cette dernière série de stratégies a pour principal objectif d'essentialiser la consommation de viande : les individus choisissent de penser que cette dernière est nécessaire pour leur santé, ou bien qu'ils aiment tellement la viande qu'ils sont incapables d'arrêter d'en manger, ou encore que Dieu

1. Bastian, Loughnan, Haslam et Radke (2012) ; Bratanova, Loughnan et Bastian (2011).

a mis sur terre les animaux pour être mangés par les êtres humains. De manière plus générale, certains travaux ont montré que les arguments justifiant la consommation de viande peuvent se regrouper dans quatre catégories, appelées les 4 N : manger de la viande est *naturel*, *normal*, *nécessaire* et « *nice* »[1].

3. LE BIEN-ÊTRE ANIMAL COMME UN BIEN PUBLIC

Dans la logique de la dissonance cognitive précédemment évoquée, le choix d'un individu apparaît principalement personnel : le consommateur ne prend en compte que les conséquences de ses décisions sur le bien-être des animaux et cherche des stratégies pour justifier ses actions.

En réalité, la décision d'un individu sur un sujet comme le bien-être animal a des répercussions relativement limitées : si un seul individu décide de renoncer à la consommation de poulet, l'effet que cela entraînera sur les poulets, et surtout sur les 83 % élevés de manière intensive, restera marginal. Les individus peuvent être doublement découragés d'adopter une attitude d'achat responsable : leur action individuelle aura des conséquences limitées et puisque les autres individus ne font pas ou peu d'efforts, il y a peu d'intérêt à être le seul

1. Joy (2011) ; Piazza, Ruby, Loughnan, Luong, Kulik, Watkins et Seigerman (2015).

à en faire. Dans cette situation, chacun est tenté de laisser l'autre faire des efforts pour la cause commune. Les individus prêts à s'engager pourraient décider de le faire seulement si un nombre suffisant d'individus s'engageaient fermement à agir pour les animaux.

La dimension collective du bien-être animal a été analysée en économie sous l'angle de la théorie du *bien public*. Ce concept réfère en science économique à l'idée de biens physiques ou d'objets abstraits qui bénéficient à toute la population et dont l'usage ne peut être interdit à personne. Pour qu'un bien soit *public*, les économistes considèrent qu'il doit répondre à deux conditions : il doit être *non rival*, c'est-à-dire que le fait qu'un individu en bénéficie n'empêche pas un autre individu d'en bénéficier également ; et *non exclusif*, ce qui signifie que tout le monde peut en profiter. La plupart des biens ne répondent pas à cette définition. Des lasagnes aux légumes, par exemple, sont un bien rival car la consommation desdites lasagnes par un individu les fait disparaître, ce qui empêche les autres individus d'en profiter. Autre exemple : les logiciels payants ne sont pas des biens publics (même s'ils sont non rivaux) car les licences imposent des restrictions sur les personnes y ayant accès ; il s'agit donc d'un bien exclusif. Le bien-être animal remplit quant à lui ces deux conditions et peut être qualifié de bien public. D'une part, c'est un bien *non rival*, dans la mesure où le fait qu'un individu soit heureux de voir les animaux bien traités, n'empêche pas les autres individus d'être heureux de ce même état de fait. D'autre part, c'est manifestement un bien *non exclusif* : on ne peut pas empêcher quelqu'un d'être heureux à l'idée que les animaux soient bien traités.

Les biens publics en économie sont des objets précieux parce que quand un individu investit dans un bien public, il perçoit non seulement un gain d'utilité pour lui-même, mais augmente également l'utilité de tous les individus de sa communauté (voire de l'humanité tout entière). Les innovations scientifiques sont souvent citées comme exemple pour représenter les avantages des biens publics : une invention comme celle de la roue ne bénéficie pas uniquement à son inventeur mais potentiellement à toute l'humanité. C'est cette idée qui sous-tend aujourd'hui le mouvement de l'*open source :* quand un individu publie un code en libre accès, tout le monde peut l'utiliser (caractère non exclusif) et les bénéfices s'étendent au-delà de son seul inventeur (caractère non rival). Le problème fondamental associé au bien public est que les coûts de la découverte ne sont supportés *a priori* que par l'inventeur. On distingue alors les coûts privés (ceux payés par le créateur de l'innovation), les bénéfices privés (ceux reçus par l'inventeur pour son innovation) et les bénéfices publics (ceux perçus par tous les individus dans la société).

Les économistes se sont longuement intéressés au décalage possible entre coûts et bénéfices privés et coûts et bénéfices publics. Nous avons vu que l'économie publique cherche à maximiser le bien-être social et intervient principalement quand la poursuite des intérêts privés ne coïncide pas avec ce que le bien-être social recommanderait. Considérons à nouveau l'exemple de l'*open source* avec un développeur qui vient de créer un programme pour une application internet. Pour cette application, il a développé un code qui résout un problème technique fréquemment rencontré. Cet investissement peut être utile pour la société car de nombreux programmeurs dans le futur rencontreront le même problème et gagneront du temps à utiliser le programme déjà écrit. L'intérêt social de la publication de ce code serait donc très grand. Mais quel intérêt privé aurait le programmeur à partager gratuitement son code ? Publier son programme lui sera coûteux en temps : il devra commenter son code, écrire un manuel explicatif sur la manière d'utiliser les fonctions, trouver où le publier, pour commencer. Pire, la publication de son code pourra réduire son avantage compétitif sur les autres programmeurs. Nous voici donc dans le cœur du problème du bien public : l'ensemble de la société gagnerait énormément à ce que le programmeur publie son code, à l'exception du programmateur, qui y perdrait. Si tout le monde était guidé seulement par ses intérêts privés, personne ne publierait jamais son code gratuitement. Les économistes ont désigné le fait d'attendre que les autres contribuent au bien commun tout en n'y contribuant pas soi-même sous le nom de phénomène du *passager clandestin*.

Jayson Lusk et F. Bailey Norwood ont été parmi les premiers économistes à avoir proposé de discuter la question du bien-être animal sous l'angle du bien public. Ces auteurs ont en effet noté que le choix de consommer des produits d'origine animale correspondait à un choix privé mais qui a des répercussions sur tous ceux qui sont soucieux du bien-être animal : quand je décide de ne plus manger de viande, je suis le seul à en supporter le coût (par exemple, en perdant ce plaisir gustatif), mais les bénéfices associés à la diminution de la souffrance animale dans le monde sont partagés par tous ceux qui se préoccupent des animaux. Sans aller jusqu'au végétarisme/végétalisme, acheter des produits assurant un meilleur bien-être aux animaux relève de la même logique : quand un individu achète des œufs de poules élevées en plein air plutôt que des œufs de poules élevées en cages, cela lui coûte plus cher pour un produit de qualité comparable, mais les retombées bénéficient à toute la société.

Lusk et Norwood prennent pour point de départ un vote qui a eu lieu en Californie en 2008 au sujet d'une disposition appelée *Proposition 2*[1]. Cette proposition de loi, introduite par des groupes de militants de la cause animale, visait à interdire l'élevage de poules en cage dans la production d'œufs dans l'État de Californie. Soumise à référendum, la proposition législative a obtenu plus de 60 % des voix. Les auteurs notent que cette situation est surprenante dans la mesure où la majorité des Californiens n'achetaient à l'époque pas d'œufs de poules élevées en plein air mais des œufs issus de l'élevage intensif.

Jayson Lusk et ses co-auteurs conceptualisent cette différence entre attitudes d'achat et comportement de votes sous le nom de *vote-buy gap*[2], que j'ai traduit dans un travail précédent par *paradoxe consommateur-électeur*[3]. F. Bailey Norwood et ses co-auteurs soulignent

1. Lusk et Norwood (2011).
2. Lusk et McCluskey (2018).
3. Espinosa (2019).

que plusieurs raisons peuvent expliquer ce paradoxe[1]. Le phénomène de passager clandestin est l'une d'entre elles : de nombreux individus ne sont pas disposés à renoncer individuellement à leur consommation de produits d'origine animale mais prêts à faire un effort si l'État force tout le monde à opérer une transition. D'autres forces peuvent également être à l'œuvre dans le paradoxe consommateur-électeur. À titre d'exemple, les auteurs expliquent que le paradoxe peut résulter d'un *effet de composition :* il est possible qu'une partie des citoyens qui ne consomment pas d'œufs habituellement aient pris part au vote. Si la part de tels individus est relativement importante, alors ils peuvent faire basculer le résultat du vote en faveur de l'interdiction. Cependant, étant donné l'écart entre la consommation observée et les résultats du référendum, il est peu probable que cette explication seule suffise à expliquer le paradoxe consommateur-électeur.

Pour comprendre l'écart entre consommation de produits d'origine animale et préférences politiques en faveur du bien-être animal, il faut se tourner vers l'économie comportementale, et plus particulièrement l'économie expérimentale. La question des biens publics est en effet l'un des domaines qui ont été le plus étudiés par l'économie expérimentale[2]. Pour appréhender les comportements des individus vis-à-vis des biens publics, on a cherché à reproduire en laboratoire des situations comparables de prise de décision lorsque l'intérêt individuel serait en contradiction avec

1. Norwood, Tonsor et Lusk (2018).
2. Chaudhuri (2011) ; Fehr-Duda et Fehr (2016).

l'intérêt du groupe. Pour ce faire, les économistes réunissent des étudiants dans des salles informatisées et leur font jouer au jeu suivant.

Chaque participant reçoit une somme d'argent (par exemple : 10 euros) puis il est placé dans un groupe avec d'autres participants (souvent 3 ou 4). Chaque participant peut décider d'investir une partie ou la totalité de son argent dans un « projet collectif » ou garder tout son argent. Quand un participant investit de l'argent dans le projet collectif, chaque membre de son groupe reçoit un certain montant d'argent. On peut penser ici à l'exemple du programmeur que nous avons parlé : investir dans le projet collectif est comme publier son programme. Cela coûte de l'argent au programmeur, et cela fait gagner de l'argent à chacun des autres membres du groupe[1]. Les chercheurs programment l'expérience de sorte que les participants

1. Quand l'expérimentateur définit les paramètres de l'expérience, il doit prendre en compte deux conditions. La première condition est que le bien public rapporte toujours moins à celui qui investit que cela ne lui rapporte. Dans l'exemple du programmeur, il se peut que ce dernier gagne un peu à publier son code (réputation accrue, par exemple). Mais ce bénéfice est inférieur au coût ; si ce n'était pas le cas, le programmeur aurait tout intérêt à publier son code et il n'y aurait plus de tension entre intérêts privés et intérêts collectifs. Dans l'expérience, cela se traduit par le fait que, lorsqu'un individu met 1 euro dans le projet collectif, il doit recevoir pour lui-même moins de 1 euro. La deuxième condition est que la société dans son ensemble doit bénéficier du projet collectif : quand un individu met 1 euro dans le projet collectif, le groupe dans son entier doit recevoir plus de 1 euro. Cela signifie que les bénéfices pour la société à ce que les programmes informatiques soient publiés, sont plus importants que les coûts. Dans le cas contraire, on n'aurait pas intérêt à inciter les programmeurs à publier leurs codes.

n'ont pas intérêt à investir personnellement dans le projet collectif mais le groupe a intérêt à ce que chacun d'entre eux le fasse. Si l'on considère l'expérience au prisme du bien-être animal : nous aurions tous intérêt à arrêter d'acheter des œufs de poules élevées en cage, mais individuellement, nous préférons acheter des œufs à bas prix et laisser les autres faire le travail.

Les travaux en économie expérimentale ont mis en lumière plusieurs phénomènes caractéristiques des biens publics, qui, de manière très surprenante, se retrouvent dans de très nombreux pays malgré les profils très divers de participants. Parmi ces régularités dans les comportements, on peut retenir deux lignes directrices.

La première, c'est que l'on observe dans les biens publics trois types de comportements : les passagers clandestins (qui n'investissent pas dans le projet collectif mais profitent de l'investissement des autres), les coopérateurs inconditionnels (qui contribuent au projet collectif quoi qu'il se passe), et les coopérateurs conditionnels (qui ne contribuent au projet collectif que si les autres membres du groupe contribuent[1]). Dans le cadre de la consommation de produits d'origine animale, les coopérateurs inconditionnels correspondraient aux véganes, qui décident de se priver de la consommation de produits d'origine animale pour améliorer la condition animale même si la majorité de la population continue à exploiter les animaux. Les coopérateurs conditionnels seraient représentés par les *flexitariens*, qui diminuent en partie leur

1. Fischbacher, Gächter et Fehr (2001).

consommation de viande et qui seraient prêts à en faire davantage si la société et la législation évoluent. Enfin, les passagers clandestins correspondraient aux grands consommateurs de viande qui se réjouissent que la pression sur les animaux soit diminuée grâce aux efforts des autres consommateurs mais qui, personnellement, ne changent pas leur consommation.

Le deuxième résultat de la littérature expérimentale est que, si le jeu est répété plusieurs fois, alors la contribution moyenne au projet collectif diminue immanquablement au cours du temps. Ce résultat est en partie une conséquence du premier constat : les coopérateurs conditionnels observent que les passagers clandestins (souvent plus nombreux que les coopérateurs inconditionnels) ne contribuent pas au projet collectif et diminuent donc leur coopération[1]. C'est ce qu'on appelle la spirale descendante (*spiral downwards*) de la contribution dans un bien public. Si le jeu est répété un très grand nombre de fois, la contribution moyenne dans le groupe peut tendre vers des niveaux extrêmement bas, voire nuls. En ce qui concerne l'exploitation animale, les choix de consommation se font quotidiennement, et peuvent donc être assimilés à un jeu de bien public répété avec un horizon (presque) infini. Ainsi, nos concitoyens de type coopérateurs conditionnels pourraient être prêts à consommer beaucoup moins de viande si nous nous *engagions* tous à réduire notre consommation de viande. Le fait que

1. Le phénomène est aggravé par le fait que les coopérateurs conditionnels ont souvent un biais d'autocomplaisance, et tendent à contribuer un peu moins que la moyenne des autres membres du groupe.

nombre de nos concitoyens consomment des produits d'origine animale peu respectueux des animaux, ne reflète pas ainsi nécessairement un manque de considération pour les animaux, mais plutôt un problème de coordination, comme semble le montrer l'exemple du référendum californien de 2008.

Les résultats en économie expérimentale seraient donc très instructifs pour comprendre le paradoxe de l'exploitation animale. Mais de quelles preuves disposons-nous pour pouvoir affirmer que la théorie du bien public s'applique effectivement au paradoxe de l'exploitation animale ?

Le premier élément de preuve peut être apporté dans un travail que nous avons mené avec Nicolas Treich (*Moderate vs. Radical NGOs*[1]). En mars 2019, nous avons invité des participants à prendre part à une expérience au laboratoire d'économie expérimentale du Centre de Recherche en Économie et Management de l'Université Rennes 1. Lors de cette expérience, les 318 participants étaient répartis dans des groupes de trois et recevaient chacun 2 euros en début de jeu. Chacun pouvait décider de garder cet argent ou d'investir dans un projet collectif : chaque tranche de 10 centimes investie dans le projet rapportait 5 centimes à chaque membre du groupe. En d'autres termes, 1 euro investi dans le projet rapportait 1,5 euros au groupe dans son entier. Ce premier jeu nous a ainsi permis de calculer le niveau de coopération d'un individu pour un bien public classique.

1. Espinosa et Treich (2020).

Les participants prenaient ensuite part à une deuxième tâche expérimentale. Dans cette seconde partie, tous les participants à l'expérience recevaient 10 euros et pouvaient décider de garder cette somme ou alors d'en donner une partie ou la totalité à une association de défense des animaux[1]. Cette tâche, appelée *jeu du dictateur*[2], peut également être vue comme une contribution à un bien public : l'association contribue à améliorer le bien-être animal, ce qui bénéficie à tout le monde. Pourtant, chacun a intérêt à laisser les autres donner de l'argent à l'association et donc à agir comme un passager clandestin.

Les résultats de cette expérience mettent en lumière une relation très étroite entre les deux décisions de contribution (au bien public et à l'association). On observe en moyenne qu'un individu qui met 1 euro de plus dans le jeu de bien public donnera 1,09 euros de plus à l'association. Cette relation demeure inchangée, même quand on prend en considération d'autres caractéristiques des participants : le genre, l'âge, le fait d'avoir grandi à la campagne, la consommation de produits d'origine animale, le positionnement politique, la confiance dans les institutions gouvernementales et les non-gouvernementales, l'activisme politique

1. Le nom de l'association n'était pas mentionné pour éviter des effets particuliers liée à l'association ciblée.

2. Le jeu du dictateur est l'un des mécanismes les plus étudiés en économie expérimentale. Il s'agit originellement de donner 10 euros à un participant et 0 euro à un second, puis de proposer au premier (le « dictateur ») de partager son argent avec le second. Ce jeu a par la suite été adapté pour étudier les dons aux associations en replaçant le second joueur par une ONG. On parle alors de *charity giving game*.

ainsi que l'intensité avec laquelle les individus justifient la consommation de viande[1].

Si la théorie du bien public s'avère exacte, alors on pourrait s'attendre à ce que la relation entre les deux jeux soit d'autant plus forte pour les individus effectivement soucieux des animaux. En effet, si un individu n'est pas intéressé par le bien-être animal, alors les dons effectués à l'association ne lui apporteront aucune utilité. Dans ce cas, le bien-être animal n'est pas un bien public à ses yeux. En utilisant les données de l'expérience, on peut diviser l'échantillon en deux groupes, dont l'un qui se soucie davantage que l'autre des animaux. Prenons deux indicateurs concernant les participants à l'expérience : leur niveau de consommation de produits d'origine animale et l'intensité avec laquelle ils défendent la consommation de viande. *A priori*, plus ces indicateurs sont élevés, moins un individu se soucie du bien-être des animaux, toutes choses égales par ailleurs. En agrégeant les deux informations, nous pouvons séparer l'échantillon en deux groupes de même taille : les 50 % de participants les plus soucieux des animaux et les 50 % de participants les moins soucieux des animaux. On peut ensuite estimer, pour chacun des deux groupes de participants, la relation entre la contribution d'un individu au bien public et le don qu'il fait à l'association. Les résultats montrent qu'un euro supplémentaire versé au bien public augmente en moyenne de 1,66 euros le don fait

1. L'expérience comportait un questionnaire de plusieurs items visant à mesurer l'intensité avec laquelle les participants justifient la consommation de viande sur plusieurs arguments. Voir l'étude pour les détails.

à l'association pour ceux qui se soucient le plus des animaux, contre 0,63 euros seulement pour les moins soucieux du bien-être animal.

Andrew S. Paul et ses co-auteurs expliquent que la théorie du bien public n'est cependant pas la seule à pouvoir expliquer le paradoxe consommateur-électeur[1]. Dans une étude expérimentale, les auteurs mettent en avant plusieurs raisons qui peuvent expliquer la divergence entre la demande politique de protection des animaux et la consommation personnelle des produits résultant de leur exploitation. Outre l'hypothèse de bien public, les auteurs avancent cinq raisons potentielles.

La première est que les consommateurs manqueraient d'information quand ils achètent les produits d'origine animale. Ainsi, ils sous-estimeraient les mauvaises conditions de vie des animaux induites par la consommation actuelle (la leur ou celle des autres), comme le suggèrent également F. Bailey Norwood et ses co-auteurs[2].

La deuxième hypothèse est celle des électeurs non consommateurs brièvement abordée plus haut : les personnes les plus soucieuses du bien-être animal peuvent décider de ne plus consommer de produits d'origine animale et sortent ainsi du marché. Or ces mêmes individus devraient massivement soutenir les initiatives politiques visant à améliorer le bien-être des animaux. Le paradoxe consommateur-électeur résulterait donc surtout de cet effet de « sélection[3] ».

1. Paul, Lusk, Norwood et Tonsor (2019).
2. Norwood, Lusk *et al.* (2011).
3. On parle ici d'effet de sélection pour dire que la population qui consomme n'est pas la même que la population qui va voter.

La troisième hypothèse considère que l'individu prend en compte deux dimensions quand il entreprend une action : une dimension instrumentale (j'ai un plaisir immédiat à consommer des œufs à bas prix) et une dimension expressive (j'ai un plaisir à faire ce qui est bien pour les animaux). Lors d'un vote, la voix d'un seul individu a très peu de chance d'influencer concrètement l'issue du scrutin. L'effet que pourrait avoir son vote sur sa propre consommation est par exemple très faible lors d'un vote national. Le coût à voter pour la loi en faveur des animaux est très faible car mon vote a peu de chance d'influencer réellement ma consommation, tandis que le coût expressif de ne pas voter pour les animaux est fort (j'aurais pu les aider mais je ne l'ai pas fait). Puisque la valeur expressive est forte lors des votes, cette troisième hypothèse considère que les consommateurs exprimeront les idéaux auxquels ils aspirent lors d'un vote, ce qu'ils ne font pas nécessairement lors d'un achat.

La dernière hypothèse que formulent les auteurs consiste à croire que lorsqu'un vote a lieu, l'information commentée dans la sphère publique sur le sujet est plus fournie : les individus seraient prêts à voter différemment de la manière dont ils ont consommé car ils disposeraient de plus d'information.

Afin de tester la pertinence de ces hypothèses pour expliquer le paradoxe consommateur-électeur, Paul Andrew S. et ses co-auteurs[1] proposent l'expérience suivante. Les participants commencent l'expérience avec 10 euros chacun et se voient proposer la

1. Paul, Lusk, Norwood et Tonsor (2019).

possibilité d'acheter un snack dans une liste de produits (biscuits, barres de céréales). Les participants peuvent également décider de ne rien acheter. Dans cette liste, certains produits contiennent des œufs de poules en cage, d'autres des œufs de poules élevées en plein air et d'autres ne contiennent pas d'œufs du tout. Une fois leur choix de consommation fait, les participants doivent décider s'ils souhaitent voter une résolution interdisant les produits avec des œufs de poules en cage. Une fois leur vote effectué, les participants doivent à nouveau décider quels snacks ils désireraient acheter en imaginant que la mesure ait effectivement été votée. Si l'interdiction des œufs issus de l'élevage intensif a effectivement été approuvée par la majorité des participants du groupe, alors les individus ayant choisi un produit retiré du marché se voient attribuer leur second choix.

Les auteurs testent la validité de chacune des hypothèses avancées en faisant varier plusieurs aspects de l'expérience : la taille des groupes, la présence de label sur les produits avec des œufs, et les résultats exacts du vote dans le groupe. À partir de ces variations, ils en viennent à écarter une hypothèse, celle selon laquelle le paradoxe consommateur-électeur serait dû à un effet de sélection lors du vote. En effet, les auteurs constatent que la probabilité de voter en faveur de la mesure est indépendante du fait d'avoir acheté ou non un produit contenant des œufs de poules élevées en cage. Les résultats confortent l'idée selon laquelle les consommateurs sont mal informés sur la consommation de produits d'origine animale et que le vote permet d'être informé sur le sujet car il fait l'objet d'une discussion. En ce qui concerne la théorie du bien public, les auteurs trouvent un résultat non significatif, mais qui plaiderait plutôt en sa défaveur : ils constatent que le fossé consommation-vote est plus élevé dans des groupes plus petits, ce qui est l'inverse de ce que prédirait la théorie du bien public. Ce résultat n'étant pourtant pas statistiquement significatif, les auteurs ne peuvent conclure de manière certaine sur le sujet. Ils pointent, entre autres, le fait que l'étude ne comporte pas suffisamment de sujets pour pouvoir trancher clairement[1]. D'autres travaux semblent nécessaires pour confirmer ou infirmer le rôle de la théorie du bien public dans le paradoxe de l'exploitation animale.

4. SYSTÈME 1 ET SYSTÈME 2

Nous avons jusque-là considéré trois théories pouvant expliquer le paradoxe de l'exploitation animale : ignorance sincère, dissonance cognitive, bien public. Parmi ces théories, deux semblent s'opposer : l'ignorance sincère et la dissonance cognitive. Il existe de nombreuses raisons pour lesquelles la population peut ignorer de bonne foi la réalité de l'exploitation animale, mais la dissonance cognitive est également

1. "To summarize, the test for the existence of the vote-buy gap is high-powered, but the test for the explanations of the gap (comparisons across treatments) are low powered given our sample sizes" : Paul, Lusk, Norwood et Tonsor (2019), p. 108.

fondée empiriquement (les individus évitent l'information sur le sujet ou cherchent parfois à se mentir). Nous explorerons ici une théorie concernant le traitement de l'information : pourrait-on expliquer le paradoxe de l'exploitation animale par le fait que les individus disposent effectivement de l'information mais ne s'en servent pas lorsqu'ils prennent des décisions ?

De nombreuses années durant, les économistes ne se sont pas souciés des aspects psychologiques associés aux décisions économiques car ils pensaient que ces phénomènes avaient une importance limitée (qu'on appelle « effets de second ordre ») et que les forces du marché parviendraient à contrecarrer ces effets[1]. Néanmoins, plusieurs travaux ont montré que les facteurs psychologiques peuvent affecter significativement les décisions des agents et les conduire à des erreurs très coûteuses, dites de « premier ordre[2] ».

Les travaux de Daniel Kahneman et Amos Tversky ont largement contribué à ouvrir la porte de la psychologie en économie et les économistes « comportementaux » ont pris la mesure de cet enjeu. Dans un ouvrage de synthèse, Daniel Kahneman (2011) présente une théorie de la partition de la réflexion. Il décrit la pensée des êtres humains comme étant composé de deux *systèmes*[3]. Le premier système, appelé *système 1*, correspond au raisonnement intuitif, automatique, inconscient et sans effort. Ce système de pensée est très rapide ; il n'utilise pas de raisonnement statistique

1. Shleifer (2012).
2. DellaVigna (2009).
3. Shleifer (2012).

mais repose principalement sur des *heuristiques*, qui sont des raccourcis mentaux que nous utilisons au quotidien pour résoudre des problèmes de manière quasi automatique. Il existe par ailleurs un second système de réflexion, appelé *système 2*, qui représente quant à lui la logique consciente, lente, contrôlée, délibérée. Cette réflexion est plus coûteuse et repose par exemple sur des raisonnements statistiques.

Nous alternons au quotidien entre ces deux systèmes de pensée. Daniel Kahneman part du principe que nous optimisons le coût cognitif associé à la résolution de problèmes. Pour les problèmes faciles, récurrents et immédiats, nous utilisons le système 1 car il est peu coûteux. Par exemple, face à une situation habituelle (comme prendre son petit déjeuner), nous allons adopter un comportement habituel sans nous poser de question. Pour les problèmes plus complexes, rares, aux enjeux élevés (comme choisir un crédit immobilier), nous allons prendre le temps de la réflexion et mobiliser le système 2. Mobiliser le système 2 permet généralement d'atteindre de meilleurs résultats car nous évitons les pièges dus à un raisonnement « rapide », mais ceci est cognitivement plus coûteux. Imaginez comme nous serions fatigués si nous devions prendre le temps de réfléchir à tout ce que nous faisons au quotidien !

Le système 1 est certes peu coûteux mais peut conduire à des erreurs systématiques, qu'arrive à éviter le système 2. L'un des objectifs de l'éducation consiste à entraîner suffisamment le cerveau pour détecter les pièges dans lesquels le système 1 peut nous faire tomber. Nous cherchons ainsi, soit à développer de nouvelles heuristiques, soit à créer une alarme interne qui nous prévient quand nous devons mobiliser le système 2. Mais l'éducation n'arrive parfois pas à *débiaiser* les individus. En effet, un aspect important de la théorie de Daniel Kahneman est que nous appréhendons le monde au travers du système 1. Ainsi, c'est le système 1 qui décide de mobiliser le système 2. Si le système 1 n'envoie pas de message au système 2, c'est-à-dire si un individu ne détecte pas intuitivement qu'il ne peut pas résoudre le problème de manière intuitive, alors le système 2 ne sera pas mobilisé. En d'autres termes, il faut avoir conscience qu'on peut être biaisé pour essayer de se débiaiser. Plus encore, les informations que nous collectons sur le monde qui nous entoure sont le plus souvent récupérées de manière intuitive, sans y faire attention. Ainsi, le stock d'informations dont dispose le système 2 pour réfléchir logiquement sur le monde provient d'une collecte intuitive d'informations : même si nous souhaitons nous débiaiser dans nos décisions, nous réfléchissons sur des informations qui ont été collectées de manière biaisée.

Ces éléments rapportés à la science économique permettent de jeter une nouvelle lumière sur le paradoxe de l'exploitation animale. Une très grande part de nos comportements liés à l'exploitation animale relève d'habitudes qui sont très fortement liées au système 1. Notre consommation alimentaire est un cas d'école dans le domaine des habitudes : nous mangeons ce que nous avons toujours mangé sans nous poser de question. Rares sont les moments où nous prenons du recul sur notre alimentation.

Brian Wansink et Jeffery Sobal (2007) montrent par exemple que nous sous-estimons largement le nombre de décisions alimentaires que nous prenons au quotidien : les auteurs estiment que ce sont en moyenne 200 décisions de consommation alimentaire par jour que nous prenons inconsciemment. Ces décisions recoupent plusieurs dimensions associées : où manger, quand, quelle quantité, avec qui, et surtout que manger. Les auteurs expliquent que la plupart de ces décisions sont automatiques (et donc relevant du système 1) et posent problème car nous pouvons difficilement contrôler nos choix alimentaires si ces derniers s'effectuent sans que nous nous en rendions compte (le système 2). Alors que les participants à l'étude prenaient en moyenne 227 décisions alimentaires par jour, seule une quinzaine étaient prises consciemment.

De fait, nous développons au cours de notre vie des heuristiques alimentaires qui guident nos choix de consommation. Il serait trop coûteux de réfléchir quotidiennement de manière rationnelle sur les 227 décisions alimentaires. Une façon de réduire le coût cognitif associé à la décision dans l'alimentation est de développer des habitudes et/ou de consommer ce que nos parents nous ont fait manger. Le choix de continuer à manger ce qu'on nous a appris à manger est plutôt rationnel *a priori* car nous n'en percevons pas d'effet négatif : nous avons réussi à vivre jusque-là en mangeant ces plats-là. Pourtant, un tel raisonnement n'est pas efficace car il ne prend pas en compte les externalités inobservées (celles sur le bien-être animal, par exemple), ni les risques sanitaires à long terme (comme les risques accrus de cancers associés à la consommation de viande).

La généticienne Marie-Claude Marsolier-Kergoat met en lumière un autre exemple d'heuristique sur la consommation de produits d'origine animale[1]. Nous savons que la viande contient une forte proportion de protéines et les légumes, une forte proportion de fibres. Par facilité mentale, nous avons assimilé l'idée qu'il est nécessaire de manger de la viande pour répondre à nos besoins en protéines et des légumes pour nos besoins en fibres. Nous avons ainsi associé les aliments avec une certaine catégorie de macronutriments qui constituent le socle de notre alimentation. Cette heuristique est assez utile car elle nous permet d'avoir une alimentation équilibrée en macronutriments sans trop réfléchir : nous mangeons au quotidien des aliments avec des prévalences en macronutriments différentes, nous permettant ainsi de répondre à la palette des besoins nutritionnels sans calculer tous les soirs nos éventuels déficits.

Cette heuristique est cependant trompeuse et nous conduit à des choix alimentaires erronés ou du moins mal informés. En effet, en procédant à cette association entre catégories d'aliments et macronutriments, nous occultons le reste des propriétés alimentaires de ces aliments. Nous occultons par exemple le fait que les légumes aussi contiennent des protéines. Nous occultons le fait que les légumineuses possèdent une forte concentration en protéines *et* une

1. Ces propos ont été développés lors de la première Journée Interdisciplinaire sur la Condition Animale (JICA, 2019).

forte concentration en fibres. Nous considérons enfin, de manière erronée, qu'un aliment ou une catégorie d'aliments tels que les produits d'origine animale sont essentiels à une bonne alimentation, sous peine de manquer d'un macronutriment. Sachant qu'il nous faut des protéines dans notre alimentation, le système 1 nous dit qu'il faut manger de la viande car il l'assimile aux protéines, voire le perçoit comme le seul aliment permettant de répondre à notre besoin en protéines. Le système 2, s'il est bien informé, nous dira au contraire que ce n'est pas parce qu'un aliment contient la plus forte concentration d'un macronutriment que nous ne pouvons pas obtenir un équilibre nutritionnel *via* une autre alimentation.

Parce que le système 1 agit de manière intuitive dans les situations récurrentes, il ne détecte pas naturellement les problèmes liés aux habitudes. Ainsi, une personne qui mange de la viande quotidiennement et qui a toujours mangé de cette manière ne se posera de question au moment de manger de la viande. Plus encore, si le système 1 n'a pas de raison de douter du bien-fondé des habitudes, il n'ira pas chercher l'information pouvant le faire douter. Ainsi, si vous avez toujours porté des pulls en laine, pourquoi iriez-vous réfléchir sur les conditions d'élevage des moutons ? Si aucun élément perturbateur ne vient troubler votre routine, vous n'apprendrez jamais la violence derrière les inséminations de brebis[1]. Plus encore, la théorie système 1/système 2 peut très bien expliquer qu'un

1. Vidéo PETA : « The "Sperminator" Is a Machine That Is Just as Horrific as It Sounds ».

individu possède des informations qui le conduiraient à ne plus utiliser de produits d'origine animale s'il venait à les analyser de manière réfléchie mais que, dans le quotidien de ses décisions récurrentes, il ne remet pas en cause ses habitudes. Le système 1 ne voit pas la nécessité de mobiliser le système 2. L'individu ne voit pas la contradiction entre ses motivations altruistes envers les animaux et ses habitudes. Cela explique en partie ce que les chercheurs ont appelé le fossé entre les *attitudes* (ce que l'on voudrait faire) et les *comportements* (ce que l'on fait[1]).

Contrairement à la dissonance cognitive, la théorie du système 1-système 2 n'implique pas nécessairement un rejet de l'information. Cette dernière peut être négligée de manière involontaire par le système 1 (il ne la pense pas pertinente), ou connue mais non mobilisée car le système 2 n'est pas activé. Dans ce dernier cas, l'individu n'est pas ignorant, il ne rejette pas l'information : elle est présente en lui mais de manière passive.

Le *biais de représentation* (*representativeness heuristic*) est un des exemples les plus frappants des heuristiques du système 1. Ce biais conduit les individus à considérer qu'une observation est représentative de l'ensemble de la population à laquelle elle se rattache. Il caractérise les situations où, à partir d'une expérience individuelle ou personnelle, nous extrapolons et pensons que la plupart des situations ressemblent à ce que nous avons vu. Ce biais intervient dans de nombreuses situations et correspond aux arguments

1. Vermeir et Verbeke (2006).

fondés sur des anecdotes. Certes, tous les fumeurs ne développent pas un cancer du poumon, mais ce n'est pas parce que nous connaissons un oncle qui n'a pas eu de cancer en fumant que cela remet en cause la relation statistique. Le biais de représentation conduit ainsi à surpondérer l'importance que nous donnons à nos observations anecdotiques par rapport aux données statistiques.

Cette heuristique de représentation, où l'individu isolé représente le groupe auquel il appartient, peut être un facteur explicatif du paradoxe de l'exploitation animale. En effet, de nombreux individus qui ont grandi à la campagne, et ceux qui y vivent actuellement, voient des animaux évoluer à l'extérieur, dans des conditions qui leur sont favorables. Certes, le voisin mange les œufs de ses poules mais elles sont heureuses, peuvent accéder au jardin, elles sont bien nourries et ne sont pas menacées par des prédateurs. Beaucoup d'individus considèreront que l'exploitation des poules dans ces conditions est acceptable, ce qui les conduira à manger des œufs sans objection morale. Et pourtant, ces individus occultent la partie principale du problème : plus de la moitié des œufs (ovoproduits inclus) vendus en France proviennent de poules élevées sans avoir accès à l'extérieur. Quand les individus mangent une omelette au restaurant, ils ont en tête l'image de la poule heureuse de leur voisin, alors que la réalité statistique est tout autre.

Le biais de représentation en matière de condition animale est aggravé par le fait que les seuls animaux que nous voyons, sont ceux qui sont bien traités, les violences restant cachées de la sphère publique. Par définition, les volailles, les bovins ou les lapins que nous voyons en extérieur sont ceux disposant d'un accès à l'extérieur : il nous est impossible d'avoir une expérience personnelle d'un animal en élevage intensif car nous n'y avons pas accès. Le biais de représentation ne peut ainsi se faire que dans un sens, en faveur de l'exploitation animale.

L'expérience personnelle de situations respectueuses du bien-être animal peut donc amener, paradoxalement, à justifier l'exploitation animale et même celle pratiquée dans des conditions très difficiles pour les animaux. Le biais de représentation conduit à un poids disproportionné donné à l'expérience personnelle, à l'anecdote. Il devient ainsi très difficile de convaincre quelqu'un avec des statistiques, car nous tentons de parler à son système 2, alors qu'il mobilise son système 1 au travers de l'expérience personnelle. Quand un individu soumis au biais de représentation apprend que 95 % des porcs en France sont élevés dans des élevages intensifs, il néglige cette information car son système 1 lui rappelle le souvenir d'un des rares porcs qu'il a vus dans sa vie et qui évoluaient à l'air libre. Le système 2, qui devrait conduire tous les consommateurs soucieux des animaux à reconsidérer leur consommation de porc, est limité par deux aspects : le système 1 ne le mobilise pas car l'expérience personnelle (facile à mobiliser) indique qu'il n'y a pas de souci, et, même s'il était mobilisé, ne lui transmettrait pas les informations adéquates car elles seraient négligées au profit de ladite expérience personnelle.

5. L'ALTRUISME IMPUR : *WARM-GLOW* ET LICENCE MORALE

Les théories que nous avons présentées jusqu'ici présentent l'exploitation animale comme un paradoxe : les consommateurs sont largement contre l'exploitation intensive des animaux mais achètent des produits qui en résultent. L'essence même du paradoxe est qu'il existe une co-existence contradictoire entre le fait de prendre soin des animaux (par exemple des animaux domestiques) et de les faire vivre dans des conditions de vie horrible (animaux d'élevage).

Mais explorons maintenant un changement de paradigme sur le sujet : et si le paradoxe de l'exploitation animale n'en était pas un ? Est-ce que nous ne sommes pas moralement disposés à faire souffrir des animaux *parce que* nous prenons par ailleurs soin de certains autres ? En d'autres termes : est-il possible que nous mangions de la viande, que nous allions au cirque voir des spectacles d'animaux sauvages en captivité ou que nous allions chasser *précisément parce que* nous prenons soin de nos chiens et de nos chats ?

Deux théories en sciences comportementales seraient cohérentes avec ce changement de paradigme. La théorie du *warm-glow* répond ainsi au paradoxe de l'exploitation animale : nous avons une utilité au fait de prendre soin des animaux, et toute cette utilité est captée par les soins que nous prodiguons à nos animaux domestiques. C'est pourquoi l'utilité de s'occuper des autres animaux, comme les animaux d'élevage, est plus faible : nous choisissons donc de manger de la viande. La théorie de la *licence morale* postule de son côté que le fait de nous occuper de nos animaux de compagnie nous donne une vision positive de nous-mêmes comme « protecteur des animaux », ce qui nous enlève le poids moral de les exploiter par la suite. Ces deux théories prédisent ce qu'on appelle un effet d'éviction : plus je m'engage pour le bien-être animal sur certaines dimensions, moins je m'engagerai pour le bien-être animal dans d'autres.

L'effet de warm-glow, *ou l'altruisme inefficace*

Nous avons vu que la question de l'exploitation animale est animée par une tension entre intérêts privés et intérêts collectifs (externalités négatives). Cette tension peut se nourrir de plusieurs phénomènes tels que l'ignorance sur les externalités générées (ignorance sincère), la volonté de ne pas être informé de ces externalités (dissonance cognitive), le fait de laisser les autres agir sur le sujet (bien public), ou encore de ne pas mobiliser et analyser l'information dont nous disposons (système 1-système 2). Ces facteurs peuvent faire en sorte que des individus *altruistes*, à savoir ceux qui se soucient du bien-être des animaux, continuent à les exploiter.

En réalité, les individus ne sont pas *parfaitement* altruistes. Il est évident que nous avons également des intérêts égoïstes à préférer les situations qui nous avantagent. Cependant, même nos considérations altruistes ne sont pas entièrement tournées vers autrui : quand nous faisons du bien autour de nous, nous nous soucions des autres, certes, mais il nous importe également d'avoir ce sentiment d'avoir agi nous-mêmes pour aider les autres. Cette utilité que nous avons à être un bienfaiteur est ce que les économistes ont appelé l'effet de *warm-glow*.

Dans un travail fondateur, James Andreoni (1990) a été l'un des premiers à concevoir ce terme (Van Der Linden, 2015). L'auteur part du constat qu'un individu qui donne de l'argent à une ONG ne cherche pas uniquement à ce que l'objectif de l'ONG soit atteint, mais cherche également une utilité propre au fait de donner. Cette utilité peut être motivée par une quête de prestige social, par un sentiment de culpabilité, une envie de conformité ou d'autres émotions. James Andreoni définit alors deux types d'altruisme. L'altruisme pur apparaît quand l'individu cherche uniquement à ce que l'objectif qu'annonce l'ONG soit atteint : peu importe ce que je donne à Sea Shepherd, ce qui compte pour moi, c'est que les animaux marins soient davantage protégés. L'altruisme impur se caractérise quant à lui par la présence d'un sentiment supplémentaire : certes, la situation des animaux marins m'importe, mais j'éprouve également un plaisir à donner moi-même à Sea Shepherd[1]. Ce gain d'utilité au fait de contribuer soi-même est appelé *warm-glow*. De nombreux travaux expérimentaux

1. Dans son travail, Andreoni (1990) définit également les comportements égoïstes. Dans ce cas, l'individu ne se soucie que de donner de l'argent à une cause et non pas du fait que l'objectif de l'association soit atteint.

ont ensuite chercher à comprendre puis quantifier les déterminants de cet effet[1].

L'effet de *warm-glow* peut avoir des implications importantes pour la condition animale. Considérons par exemple les situations où l'on demande à des individus combien ils sont prêts à payer pour améliorer le bien-être des animaux. Imaginons que l'on propose aux individus deux mesures : payer davantage pour leurs œufs afin que les poussins mâles ne soient plus broyés à la naissance (mesure A) et payer davantage pour leur lait afin que les veaux ne soient plus retirés à leur mère à leur naissance (mesure B). Imaginons enfin que nous menions une grande enquête dans laquelle nous demandions à aux individus combien ils seraient prêts à payer pour (i) la mesure A, (ii) la mesure B, et (iii) les mesures A et B dans un lot commun.

Les travaux de Paulo Nunes et Erik Schokkaert (2003) en matière environnementale nous incitent à croire qu'il y a de grandes chances que les individus soient prêts à payer davantage pour A et B pris séparément (à savoir la somme de ce qu'ils paieraient pour A et ce qu'ils paieraient pour B), que ce qu'ils seraient prêts à payer pour le lot commun. Par exemple, un individu déclarerait être sans doute prêt à payer 10 euros par an pour la mesure A, 5 euros par an pour la mesure B, mais seulement 11 euros par an pour les mesures A et B ensemble. Ce phénomène, dit *phénomène d'imbrication*

1. Crumpler et Grossman (2008) ; Imas (2014) ; Lilley et Slonim (2014).

(*embedding phenomenon*), peut être expliqué par l'existence d'un effet de *warm-glow*.

Paulo Nunes et Erik Schokkaert proposent alors de décomposer la disposition à payer en deux parties : l'une qui correspond au plaisir de donner (disposition à payer « chaude ») et l'autre à l'utilité de vraiment voir la mesure mise en place (c'est la partie réellement altruiste, appelée disposition à payer « froide »). Imaginons dans le cas précédent que, dès que l'on contribue à une mesure pour le bien-être animal, nous soyons satisfaits de nous-mêmes, et que nous soyons prêts à payer 4 euros juste pour nous sentir bien (c'est la disposition à payer « chaude »). Dans ce cas, la disposition à payer « froide » est de 6 euros pour la mesure A et de 1 euro pour la seconde mesure B (nous avons soustrait pour chaque mesure les 4 euros qui renvoient à la partie « chaude »). Calculons maintenant la disposition à payer pour le lot A+B. La disposition à payer « froide » du lot est égal à la somme des dispositions à payer froides (A et B), à savoir 7 euros. La disposition à payer « chaude » pour le lot A+B est de 4 euros car l'individu est prêt à payer 4 euros dès qu'il contribue à améliorer le bien-être des animaux quelle que soit la mesure. La disposition à payer totale pour le lot A+B est ainsi égale à la somme de la disposition à payer froide (7 euros : 6 pour la mesure A et 1 pour la mesure B) et la disposition à payer chaude (4 euros) soit 11 euros, comme décrit dans l'exemple ci-dessus.

La présence d'un effet de *warm-glow* conduit ainsi à ce qui apparaît de prime abord comme des incohérences dans les comportements des individus. Une partie du paradoxe de l'exploitation animale pourrait être expliquée par ce phénomène. En effet, lorsqu'ils sont interrogés séparément sur des mesures, les individus se déclarent prêts à s'engager dans de nombreuses causes : manger moins de viande rouge, acheter des œufs de poules élevées en plein air, donner de l'argent pour les espèces en voie de disparition, etc. Mais une fois que les individus se sont engagés dans une cause, ils ne sont plus prêts à s'investir dans les autres : l'utilité à s'engager pour le bien-être animal de manière générale, le *warm-glow* (l'utilité « chaude »), aura déjà été obtenue par l'investissement dans la première cause[1]. En d'autres termes, financer une association pour aider les espèces en voie de disparition me donne déjà l'utilité associée au fait d'avoir fait quelque chose pour les animaux ; les autres mesures ne m'apportent plus cette source d'utilité « chaude », et l'utilité « froide » associée aux mesures restantes est trop faible pour que je m'y engage.

L'effet de *warm-glow* peut ainsi être une raison explicative majeure du paradoxe de l'exploitation

1. Une autre explication pourrait rendre compte en économie de la plus faible volonté à s'engager pour une seconde action : l'utilité marginale décroissante. Cette hypothèse postule que l'individu a une utilité qui décroît : consommer un premier bien apporte une forte utilité, mais consommer le deuxième bien apporte une utilité plus faible. Cependant, cette hypothèse ne suffit pas à expliquer des situations comme celles qu'observent Nunes et Schokkaert (2003). Si les individus sont prêts à payer autant pour A et B ensemble que pour A individuellement, cela impliquerait que l'utilité marginale de B (à savoir l'utilité d'avoir B une fois qu'on a eu A) tombe directement à 0. Ainsi, sauf si l'on suppose qu'un individu n'a pas d'utilité à avoir B une fois qu'il a eu A, l'utilité marginale décroissante ne suffit pas à expliquer à elle seule le phénomène. Il y aurait bien un effet de *warm-glow* en jeu.

animale. Les études présentent généralement le paradoxe de l'exploitation animale en montrant que les individus dépensent beaucoup d'argent pour leurs animaux domestiques mais qu'ils contribuent, par leur consommation, à exploiter les animaux à grande échelle, ce qui génère beaucoup de souffrances pour ces derniers. Parce que les individus s'occupent justement très bien de leurs animaux de compagnie, toute l'utilité de *warm-glow* liée à l'engagement en faveur des animaux pourrait être captée par leurs soins envers les animaux de compagnie. Aider les autres animaux présenterait ainsi une utilité beaucoup plus faible car seule demeure l'utilité « froide » : les individus continuent ainsi à manger des produits d'origine animale.

Licence morale

La deuxième théorie pour rationaliser le paradoxe de l'exploitation animale est celle de la licence morale (*moral self-licensing*). Cette théorie, développée en psychologie, a cherché à comprendre pourquoi certains individus entreprennent des actions moralement contradictoires[1]. Daniel Effron et ses co-auteurs[2] ont par exemple montré que les individus qui exprimaient clairement leur soutien à Barack Obama juste avant l'élection de 2008 étaient plus susceptibles de faire des choix ou des déclarations pouvant

1. Monin et Miller (2001).
2. Effron, Cameron et Monin (2009).

être considérés comme racistes par la suite. Autre exemple : Uzma Khan et ses co-auteurs[1] ont mis en lumière que le fait de pouvoir acheter des compensations carbone pour les trajets en avion a eu pour effet d'augmenter le trafic aérien, annulant ainsi leurs effets positifs. Pour l'exploitation animale, la licence morale peut être observée lorsque des individus se donnent moralement le droit d'exploiter les animaux dans une certaine situation car ils prennent soin d'eux dans d'autres situations. Un bénévole dans une association locale de protection des chevaux qui consommerait des produits issus de l'élevage intensif et qui considèrerait qu'il n'y a pas de problème à ce qu'il le fasse *parce qu'il* aide les animaux par ailleurs, serait un exemple relevant de la licence morale.

Le phénomène de licence morale se caractérise au reste comme le fait qu'un même individu est davantage susceptible d'entreprendre une action immorale, non éthique ou problématique, après avoir fait une bonne action, que s'il n'avait pas fait cette bonne action en amont (voir Anna C. Merritt et ses co-auteurs, 2010[2]). La théorie de la licence morale s'inscrit ainsi dans la lignée des travaux sur la balance morale (*moral balancing*), qui prédit que des actions éthiques induisent par la suite des actions non éthiques[3]. Cette théorie prend ainsi le contrepied des travaux qui

1. Khan, Dhar et Schmidt (2010).

2. Citation dans Merritt, Effron et Monin (2010) : « Past good deeds can liberate individuals to engage in behaviors that are immoral, unethical, or otherwise problematic, behaviors that they would otherwise avoid for fear of feeling or appearing immoral. »

3. Panzone, Wossink et Southerton (2012).

analysent les comportements sous l'angle de la cohérence morale (*moral consistency*) selon lequel un individu entreprenant une action éthique a plus de chance d'entreprendre une autre action éthique par la suite. Sophie Clot et ses co-auteurs[1] expliquent que deux conditions sont nécessaires pour que la licence morale opère[2]. D'une part, l'individu doit avoir le contrôle de ses actes. En effet, nous ne sommes pas moralement responsables des situations sur lesquelles nous n'avons pas de contrôle. D'autre part, l'acte doit avoir en soi des qualités morales, qu'elles soient positives ou négatives. En d'autres termes, nous devons avoir un jugement moral sur les actes discutés, ce qui exclut les actions moralement neutres (comme porter sa montre sur le poignet gauche ou le poignet droit).

Notre relation actuelle aux animaux répond à ces deux critères préalables à l'existence d'un effet de licence morale. Tout d'abord, nous possédons indéniablement un contrôle sur nos actions envers les animaux. Pour ce qui est des animaux domestiques, nous pouvons décider d'en adopter, d'en prendre soin, de les emmener chez le vétérinaire, et ainsi de suite. S'agissant des animaux d'élevage, nous pouvons décider d'acheter des produits issus d'élevages moins intensifs (par exemple : animaux élevés en plein air), d'en consommer moins ou encore d'arrêter totalement d'en consommer. D'un point de vue éthique, il existe

1. Clot, Grolleau, Ibanez et Ndodjang (2013).

2. J'ai préféré ici utiliser le terme de licence morale à celui de compensation morale de Clot, Grolleau, Ibanez et Ndodjang (2013), car il me semble que la compensation morale ne renvoie qu'à un seul des deux mécanismes de licence morale décrits ci-dessous.

aujourd'hui un consensus social fort au sujet de la réalité de la souffrance animale et de notre devoir de l'alléger autant que possible. Même les grands groupes industriels parlent maintenant de bien-être animal, ce qui prouve que les considérations morales envers les animaux sont devenues centrales pour les consommateurs. En d'autres termes, les actions envers les animaux découlent de notre libre arbitre et relèvent de choix moraux, ce qui les rend susceptibles d'induire de la licence morale.

Anna Merritt et ses co-auteurs[1] expliquent que le processus de licence morale peut opérer de deux façons. La première définition du phénomène revient à considérer que les individus ont dans leur conscience un « compte moral », comparable à un compte bancaire, qui comptabilise les actions positives et les actions négatives. Chaque action est ainsi associée à un *solde moral* (*moral credits*), qui peut être positif ou négatif. Les actions positives augmentent le stock de points sur le compte moral et les individus peuvent piocher dans ce compte pour contrebalancer ensuite leurs actions négatives. Dans ce cadre-là, une action positive compense une action négative. Ainsi, m'occuper des chevaux au niveau local augmente mon crédit moral, tandis que manger des produits issus de l'élevage intensif diminue mon crédit moral.

La deuxième façon d'aborder la question est de considérer que le fait d'entreprendre une action positive change notre perception des actions négatives (*moral credentials*). L'action positive engendre ainsi

1. Merritt, Effron et Monin (2010).

une *requalification morale* des actions négatives, qui ne sont plus vues comme négatives. Les individus qui ont publiquement exprimé leur soutien à Barack Obama considèrent avoir montré qu'ils ne sont pas racistes et peuvent ensuite défendre des comportements possiblement racistes. Ces individus ne seront pas vus comme racistes car ils ont démontré qu'ils ne l'étaient pas. Irene Blanken et ses co-auteurs[1] déclarent que, quand les individus ont pu établir une image morale d'eux-mêmes, ils peuvent entreprendre des actions immorales sans avoir peur d'être perçus comme immoraux[2]. La *requalification morale* met ainsi à mal l'indépendance des choix moraux. En effet, d'un point de vue moral, quand des actions sont distinctes, elles devraient être évaluées de manière indépendante. Prenons l'exemple tristement connu des abus sexuels à Tahiti commis par des responsables d'Oxfam. Que ces individus aient travaillé pour une ONG qui œuvre partout dans le monde pour lutter contre les inégalités, ne devrait pas changer notre perception de la qualification morale de ces abus. En d'autres termes, les actions menées par un individu ne doivent pas influencer le jugement moral qu'on porte sur le reste de ses actes. Cependant, dans le cadre de la *requalification morale*, on considère qu'une action est plus ou moins condamnable en fonction des autres actions déjà menées, ce qui remet en cause l'indépendance des choix moraux.

1. Blanken, van de Ven et Zeelenberg (2015).

2. La citation associée dans Blanken, van de Ven et Zeelenberg (2015) est : « When the moral image of one-self is established, immoral action is allowed without the fear of losing that moral image (leading to licensing)» (p. 541).

D'un point de vue de politique publique, l'effet de licence morale peut également poser certains problèmes. Comme le soulignent Luca A. Panzone et ses co-auteurs[1], de nombreuses politiques publiques ont pour objectif d'inciter les citoyens à entreprendre des actions bénéfiques pour la société. Si ces politiques publiques, telles que la taxation ou les campagnes d'information, parviennent effectivement à faire en sorte que les citoyens adoptent le comportement vertueux souhaité par le gouvernement, alors ces derniers risquent d'en dégager une licence morale pour entreprendre ensuite davantage de mauvaises actions.

Très peu de travaux ont cherché à appliquer la théorie de la licence morale à la question de l'exploitation animale. De plus, les études existantes se sont intéressées à la licence morale associée la consommation de viande sous le prisme de l'environnement ou de la santé[2] et non du bien-être animal. La licence morale semble être néanmoins une théorie très intéressante à explorer pour les sciences sociales traitant de la condition animale car elle peut assez bien expliquer deux types de situations.

D'une part, cette théorie semble cohérente avec ce que l'on peut observer du côté des consommateurs. Le paradoxe de la viande découle en effet de l'observation qu'il existe une contradiction entre le fait d'aimer les animaux et celui de les consommer. La théorie de la licence morale répond que prendre soin de certains

1. Panzone, Wossink et Southerton (2012).
2. Voir par exemple Carrico, Raimi, Truelove et Eby (2018)

animaux (de compagnie, par exemple) donne aux individus une bonne image d'eux-mêmes. Ceux-ci se sentent alors moralement autorisés à en manger d'autres (ou bien à manger les mêmes s'il s'agit d'animaux de ferme), soit parce qu'ils ont obtenu un crédit moral qu'ils peuvent maintenant utiliser, soit parce qu'ils se perçoivent comme des « protecteurs des animaux ».

D'autre part, la théorie de la licence morale peut expliquer les relations contradictoires qu'entretiennent les éleveurs de petites exploitations avec leurs animaux. On observe habituellement deux types de discours. Les éleveurs affirment aimer beaucoup leurs animaux, la preuve étant qu'ils en prennent soin toute leur vie. À l'opposé, les militants de la cause animale ont tendance à affirmer que les éleveurs n'aiment pas réellement leurs animaux car personne n'a envie de tuer l'animal qu'elle aime. Cette discussion contient de nombreux débats épineux : les éleveurs aiment-ils vraiment leurs animaux ou bien prennent-ils soin d'eux comme d'un outil de production ? Comment définir ce qu'est « prendre soin d'un animal » ? S'agit-il seulement de lui assurer les moyens de subsistance ou bien est-ce chercher à le rendre heureux ? Sans chercher à trancher, on peut avancer que parce que les éleveurs pensent prendre soin de leurs animaux, ils se voient comme des protecteurs des animaux : ils leur donnent au quotidien de quoi vivre, ils les font vacciner et les rentrent l'hiver. Ainsi ne comprennent-ils pas la critique de celles et ceux qui les blâment de mettre à mort leurs animaux. Les éleveurs adoptent une approche globale de leurs actions envers les animaux (les actions positives justifiant les actions négatives), tandis que leurs critiques jugent leurs actes de manière indépendante moralement (le fait de mettre à mort un animal quand ce n'est pas nécessaire est un acte mauvais en soi).

On notera que les théories de la dissonance cognitive et de la licence morale reflètent deux façons différentes d'appréhender les comportements. La théorie de la dissonance cognitive part du principe que les individus cherchent la cohérence dans leurs actions et se mentent pour rendre leurs actions cohérentes avec leurs croyances (*motivated-reasoning*). Au contraire, la théorie de la licence morale part du principe que les individus adoptent des comportements contradictoires et qui se compensent (*balancing theory*). Mais si ces théories s'opposent de prime abord, elles ne sont pas si éloignées. Là où la théorie de la dissonance cognitive nous dit que les individus se mentent en changeant leur vision morale des choses ou évitent de voir la réalité, on peut voir la requalification morale comme le fait que les individus utilisent leurs actions pour soulager leur morale de leurs mauvaises actions.

Nous pouvons également lire le comportement des flexitariens à la lumière de la théorie de la licence morale. L'apparition récente de la prise de conscience des enjeux liés à la consommation de produits d'origine animale s'est accompagnée d'une volonté croissante de réduire cette consommation. Pour de nombreux individus, l'arrêt total de la consommation de produits d'origine animale est trop difficile, et ils préfèrent adopter une stratégie de réduction. Les opinions sont divisées quant aux bénéfices du flexitarisme. Une tribune intéressante de Marie-Claude Marsolier-Kergoat (généticienne) et de Nicolas Treich (économiste) critiquait le flexitarisme comme un outil marketing de l'industrie de la viande[1]. Les auteurs montrent justement que le flexitarisme est associé à de nombreux adjectifs flatteurs, contrairement au véganisme qui serait une solution extrême. Parce qu'il affirme vouloir réduire sa consommation de viande, le flexitarien se crée un crédit moral positif vis-à-vis de la majorité de la population (qui mange davantage de viande) tout en évitant d'en supporter intégralement les coûts (arrêt total de la consommation). Ce petit pas envers le bien-être animal lui donne ainsi une bonne image de lui-même, ce qui légitime le reste de sa consommation de viande dans la théorie de la licence morale.

S'il est exact que le flexitarisme a été largement repris par le marketing de l'industrie de la viande, la question empirique est de savoir s'il contribue néanmoins à réduire effectivement la consommation de viande. En France, près de 39 % des Français et Françaises se décrivent comme flexitariens[2]. Cette proportion est en croissance depuis plusieurs années, contrairement à la proportion de végétariens et véganes, qui reste stable (entre 2 % et 3 %). Le recul de la consommation de viande, de 12 % en 10 ans[3], est ainsi probablement dû aux flexitariens plus qu'aux végétariens. Il semblerait que l'effet net de la réduction de viande chez

1. *Libération*, « Le bon flexitarien et le mauvais végan ? », Marie-Claude Marsolier-Kergoat et Nicolas Treich, 18 juin 2019.

2. BFMTV, « 39 % des Français se disent flexitariens », 11 mars 2019.

3. *Le Monde*, « La consommation de viande en France recule depuis 10 ans », 6 septembre 2018.

les flexitariens soit positif et conduise réellement à diminuer globalement la consommation de viande. Le fait que l'industrie de la viande ait repris à son compte cette stratégie de communication peut aider, paradoxalement, à convaincre les grands consommateurs de viande de passer au flexitarisme et de réduire leur consommation de viande sur le long terme.

6. POINT DE RÉFÉRENCE : RÉACTANCE ET AVERSION AUX PERTES

Nous avons jusqu'ici traité des théories portant sur la connaissance (ignorance sincère, dissonance cognitive), le traitement de l'information (système 1-système 2), les problèmes de coordination (bien public), et sur l'altruisme impur (*warm-glow* et licence morale). Je propose maintenant d'explorer deux théories qui ont une caractéristique commune : elles analysent les décisions des individus en fonction d'une situation de référence qu'ils ont à l'esprit au moment de prendre leurs décisions et qu'on appelle un *point de référence*. Selon ces théories que sont la *réactance* et *l'aversion aux pertes*, les individus évaluent leurs choix de consommation dans un cadre de référence et l'utilité qu'ils dérivent de leurs choix dépend de ce point de référence.

La théorie de la réactance postule que les individus n'aiment pas voir leurs choix restreints : quand on demande aux consommateurs de diminuer leur consommation de viande, ils peuvent se sentir menacés car perdant une partie de leur pouvoir de décision. La théorie de l'aversion aux pertes affirme quant à elle que les individus se soucient davantage de leurs pertes que de leurs gains : on a tendance à surpondérer les pertes associées à la réduction de la consommation de produits d'origine animale et à sous-pondérer les gains associés.

Réactance

Développée en sciences comportementales, la théorie de la réactance a pour objectif d'expliquer les mécanismes cognitifs et émotionnels sous-jacents à des réactions qui peuvent paraître contradictoires. Elle s'intéresse ainsi aux raisons pour lesquelles certaines personnes décident de faire le contraire de ce qu'on leur préconise. Imaginons par exemple un fumeur qui envisage éventuellement d'arrêter de fumer, et que son entourage lui répète systématiquement qu'il devrait le faire. Il est possible que cet individu ait une réaction très négative au fait de s'entendre répéter ce qu'il doit faire et décide finalement de continuer de fumer pour montrer aux autres qu'ils n'ont pas à lui dicter sa conduite. L'individu finit par continuer de fumer, alors que tous les éléments lui montrent qu'arrêter de fumer est la meilleure option à choisir : on parle alors de *réactance*[1].

Christina Steindl et ses co-auteurs[2] décrivent la réactance comme une envie déplaisante qui émerge

1. Brehm (1966).
2. Steindl, Jonas, Sittenthaler, Traut-Mattausch et Greenberg (2015).

quand les individus perçoivent une menace à leur liberté. Lorsqu'ils font face à des discours prescriptifs qui les encouragent ou les forcent à changer de comportement, ils se sentent menacés dans leur liberté de choisir les actions pour leur propre vie. En d'autres termes, ils ont l'impression que l'on décide pour eux et sont alors dans un état émotionnel négatif, souvent associé à de la colère ou à de l'agressivité.

James P. Dillard et Lijiang Shen (2005) expliquent que deux éléments sont nécessaires à l'existence de la réactance. Premièrement, les individus doivent avoir un pouvoir de décision sur ce qui leur est demandé de faire. On notera que cette première condition implique que les individus aient effectivement un choix. Quand un individu n'a en premier lieu pas de pouvoir de décision sur ce qu'il doit faire, il n'est pas responsable de son action et ne peut ainsi se sentir contraint dans sa liberté d'action. Deuxièmement, il faut que le discours énoncé exerce une contrainte sur la liberté de l'individu : ce dernier doit avoir l'impression qu'une des possibilités qu'il avait lui est enlevée ou rendue difficile. L'individu se sent menacé parce qu'il a l'impression qu'on lui retire le droit de choisir ce qu'il veut. Quand ces deux conditions sont réunies, l'individu peut réagir négativement au discours prescriptif et peut alors faire preuve de réactance. Celle-ci peut être d'ordre cognitif ou émotionnel. La réactance cognitive se matérialise par des contre-arguments, tandis que la réactance émotionnelle donne lieu à des émotions négatives comme la colère.

Enfin, la théorie de la réactance prédit que les individus vont chercher à résoudre cette situation d'inconfort mental. Christina Steindl et ses co-auteurs[1] mettent en évidence quatre grands types d'actions que les individus peuvent alors entreprendre. La restauration directe (*direct restoration strategy*) vise à rétablir sa liberté en faisant ce qu'on leur reproche de faire tandis que la restauration indirecte (*indirect restoration strategy*) vise à le faire en regardant d'autres personnes entreprendre l'action critiquée. Les individus qui se sentent menacés peuvent également agresser les porteurs du message de telle sorte que la menace perçue soit neutralisée (*aggression strategy*). La dernière stratégie consiste enfin pour l'individu à simplement changer d'avis : il perçoit plus positivement ce qu'on lui demande de faire et plus négativement ce qu'il faisait jusque-là.

On peut observer que les choix alimentaires s'inscrivent très bien dans le cadre de la théorie de la réactance. Les individus ont en effet une grande liberté de choix en matière d'alimentation (première condition). De plus, les discours prescriptifs concernant l'alimentation sont très nombreux à l'heure actuelle : ne pas manger trop gras, trop sucré, trop salé, éviter les produits transformés, manger local, manger de saison, ne pas manger entre les repas et, ce qui nous intéresse le plus, diminuer la part des protéines d'origine animale. Cette multiplicité des discours sur l'alimentation peut renforcer la perception d'une contrainte forte exercée à l'encontre de l'individu (deuxième condition). Nous pouvons également noter que les enjeux personnels autour de l'alimentation sont très forts. S'alimenter

1. *Id.*

représente l'une des actions les plus importantes de notre vie et constitue l'un des fondements de notre identité sociale. On le constate au travers d'expressions ou de maximes telles que celle de Jean Anthelme Brillat-Savarin : « Dis-moi ce que tu manges, je te dirai qui tu es. » Ainsi, contrôler son alimentation apparaît comme une dimension centrale de nos vies, ce qui augmente les risques de réactance sur le sujet.

Dans un récent travail de recherche, Marijn Stok et ses co-auteurs[1] analysent les effets de réactance sur les prescriptions alimentaires et plus spécifiquement la consommation de fruits. Pour ce faire, les auteurs mènent une expérience dans laquelle certains élèves sont incités à augmenter la consommation de fruits dans leur alimentation à la cantine au travers d'une norme injonctive. Les auteurs de l'étude mesurent ensuite la volonté chez les adolescents de manger effectivement davantage de fruits dans le futur, et montrent que les participants ayant été exposés au discours injonctif déclaraient vouloir manger significativement moins de fruits que leurs camarades qui n'y avaient pas été exposés.

Très peu de travaux ont mesuré le niveau de réactance concernant les prescriptions à réduire sa consommation de produits d'origine animale. Un des seuls travaux est celui de Hanne Spelt et de ses co-auteurs[2], qui mesurent les phénomènes de réactance vis-à-vis des discours incitant les individus à réduire leur consommation de viande. Pour ce faire, ils recrutent des

1. Stok, De Ridder, De Vet et De Wit (2014).
2. Spelt, Dijk, Ham, Westerink et Ijsselsteijn (2019).

participants qui présentent une forte consommation de viande (plus de cinq fois par semaine), et les exposent à des discours les incitant à réduire cette consommation pour des raisons environnementales et sanitaires. Les chercheurs s'appuient sur deux types de mesures pour évaluer le niveau de réactance à ces discours : des mesures physiologiques et des mesures déclaratives. Dans leurs relevés physiologiques, les auteurs mesurent la fréquence cardiaque et la conductivité de la peau. Côté déclaratif, les chercheurs posent aux participants une série de quatre questions sur leur état émotionnel.

Les résultats de l'expérience révèlent l'existence d'un effet de réactance aux discours présentés. Les auteurs observent des réactions physiques différentes selon que les participants sont confrontés ou non à un discours prescriptif. Ils montrent également que les discours prescriptifs sont associés à plus d'émotions négatives, et constatent une plus forte réactance pour les individus qui indiquaient, avant l'expérience, une plus forte intention de diminuer leur consommation de viande. Il est bien entendu impossible de savoir si les individus qui déclaraient *a priori* vouloir le plus changer leur consommation l'auraient effectivement fait, mais ces résultats suggèrent que l'effet de réactance est bien réel et qu'il convient de l'avoir à l'esprit lorsqu'on cherche à convaincre les individus de diminuer leur consommation de produits d'origine animale.

De manière plus générale, les phénomènes de réactance ont pu contribuer à entraver le débat sur la condition animale. L'écart entre les valeurs véhiculées par la société en matière de protection des animaux et la façon dont ces derniers sont traités dans les exploitations peut en effet conduire à une polarisation des discussions. Les végétariens ou véganes peuvent tenir des propos très véhéments (bien que réalistes) sur la réalité de l'exploitation animale, mais plus ces propos seront prescriptifs, plus ils pourront susciter un sentiment de réactance parmi les consommateurs de produits d'origine animale. On peut cependant observer que l'effet de réactance peut être présent à tous les niveaux d'intensité de discours. Hanne Spelt et ses co-auteurs n'observent pas de différence significative entre leur discours peu injonctif et leur discours plus fortement injonctif[1].

Un autre exemple de réactance aux discours de diminution de la consommation de viande est celui du « samedi rouge ». Début 2019, 500 personnalités ont lancé l'appel en faveur du « lundi vert », invitant les Français à diminuer leur consommation moyenne de chair animale en s'abstenant de consommer de la viande le lundi. En réaction à cet appel, que l'on peut considérer comme très modéré puisqu'il n'invite à changer ses habitudes qu'un jour par semaine et ne concerne ni les produits laitiers ni les œufs, certains lobbies pro-viande ont appelé à la création d'un « samedi rouge » où l'on mangerait tous de la viande. Si cet appel a été peu suivi, il avait néanmoins le soutien des représentants de l'industrie de la viande, de la FNSEA et de quelques députés. Si ces réactions peuvent paraître marginales, elles montrent néanmoins que les lobbies usent de ce phénomène de réactance,

1. *Id.*

en disant aux Français et aux Françaises qu'ils n'ont pas à se laisser dicter leurs choix alimentaires.

Aversion aux pertes

La théorie de l'aversion examine quant à elle l'utilité que les individus tirent de leur choix en fonction de leurs conséquences présentées sous forme de gains ou de pertes. Introduite par Tversky et Kahneman, la discussion sur l'aversion aux pertes opère un changement de paradigme dans la manière de percevoir l'utilité des individus en économie.

Amos Tversky et Daniel Kahneman (1991) explorent la question de l'aversion aux pertes dans le cadre d'analyse du point de référence. Nous réfléchissons aux gains et aux bénéfices de certaines actions en fonction d'un statu quo ou bien d'une situation que nous considérons comme la situation par « défaut » (qui peut être une anticipation d'une situation à venir). Les chercheurs expriment l'aversion aux pertes comme le fait que l'on accorde plus de poids à une perte qu'à un gain dans le processus de décision.

Plusieurs travaux empiriques ont confirmé l'existence de l'aversion aux pertes. Ces travaux se sont entre autres choses intéressés à la différence entre la *volonté d'acheter* et la *volonté de vendre* un bien. La volonté d'acheter correspond au montant maximum qu'un individu est prêt à payer pour acquérir un bien tandis que la volonté de vendre correspond au montant minimum à partir duquel un individu accepte de vendre son bien. Sans aversion aux pertes, un individu devrait avoir la même volonté d'acheter ou de vendre : si vous êtes prêts à payer jusqu'à 10 euros pour un bien, c'est que vous seriez *a priori* prêt à le vendre pour 10,01 euros. Le fait est que de nombreux individus souhaitent une compensation minimale en cas de vente (volonté de vendre) plus élevée que ce qu'ils sont prêts au maximum à payer pour l'achat (volonté d'acheter). C'est ce qu'on appelle l'effet de dotation (*endowment effect*). Daniel Kahneman et ses co-auteurs[1] expliquent que cet effet de dotation vient du fait que, lorsqu'on vend un bien, on perçoit la vente comme une perte. Au contraire, quand on achète un bien, on le voit comme un gain. La théorie de l'aversion aux pertes postule que l'on donne plus de poids aux pertes qu'aux gains, ce qui conduit nécessairement à avoir une volonté de vendre plus grande que la volonté de payer.

Daniel Thaler (1980) apporte les premiers éléments empiriques soutenant la théorie de l'aversion aux pertes. Il montre que la compensation minimale que demandent les individus pour voir leur risque de mort immédiate augmenter de 0,001, est une à deux fois plus élevée que ce qu'ils sont prêts à payer pour éliminer un risque de même ampleur. Les individus voient l'augmentation de la probabilité de mourir comme une perte tandis qu'ils considèrent la diminution de la probabilité de mourir comme un gain. Daniel Kahneman et ses co-auteurs (1990)[2] proposent de leur côté une expérience dans laquelle les étudiants

1. Kahneman, Knetsch et Thaler (1990).
2. *Id.*

peuvent vendre des tasses : ils observent que le fait de posséder la tasse augmente la valeur qu'on lui accorde, ce qui est une caractérisation de l'effet de dotation. Ils n'observent pas cet effet quand les étudiants peuvent échanger des jetons de monnaie qui n'ont qu'une valeur fictive et pour lesquels les auteurs pensent qu'ils ne peuvent générer d'effet de dotation. Plus récemment, des études ont montré que l'aversion aux pertes s'appliquent également à d'autres domaines[1], comme la protection de l'environnement[2].

La théorie de l'aversion aux pertes peut être très instructive pour comprendre le paradoxe de l'exploitation animale. En particulier, elle permet d'expliquer pourquoi certains individus ont beaucoup de mal à se passer de la viande *a priori* mais arrivent très bien à maintenir une alimentation non carnée une fois qu'ils l'ont adoptée.

Considérons tout d'abord le paradoxe de l'exploitation animale, qui caractérise la contradiction entre le souci pour le bien-être animal dans notre population et l'exploitation à grande échelle des animaux à laquelle nous contribuons par nos achats. Imaginons que nous proposions à un individu qui consomme de la viande de manière régulière d'arrêter d'en manger pour devenir végétarien. Ce consommateur y voit certes des avantages (environnement, santé, bien-être animal) mais également des coûts (perte de certaines saveurs, principalement). La théorie de l'aversion aux

1. Levin, Schneider et Gaeth (1998).

2. Bartczak, Chilton et Meyerhoff (2015) ; Ghesla, Grieder, Schmitz et Stadelmann (2019).

pertes permet de comprendre que cet individu surpondère la valeur qu'il attachera à la perte du plaisir gustatif par rapport aux gains qu'il peut en dériver. Ainsi, il ne suffit pas que les bénéfices soient *au moins un peu plus élevés* que les coûts pour qu'un individu arrête de manger de la viande ; il faut que les bénéfices soient *bien plus élevés* que les coûts pour compenser l'effet d'aversion aux pertes. L'aversion aux pertes rend la transition alimentaire très compliquée car les individus s'accrochent à leur point de référence, qui est une consommation régulière de viande. En d'autres termes, le coût du changement par rapport au statu quo apparaît très élevé.

Ce coût élevé du changement dû à l'aversion aux pertes a été très bien expliqué en février 2020 par Joaquin Phoenix lors de son discours de remerciements de l'Oscar du meilleur acteur :

> Nous pensons avoir le droit d'inséminer artificiellement une vache et quand elle donne naissance, nous lui volons son bébé, même si ses cris de souffrance sont évidents. Et après, nous prenons le lait qui était destiné à son veau et nous le mettons dans notre café et dans nos céréales. Et je pense que nous avons peur de l'idée du changement personnel parce que nous pensons que nous devons sacrifier quelque chose, que nous devons abandonner quelque chose.

Comme le souligne l'acteur, de nombreux consommateurs se focalisent sur le coût de ce à quoi ils renoncent, ce qui privilégie le statu quo. La perte de la consommation de viande est très concrète, observable au quotidien à chaque décision de consommation, tandis que les bénéfices apparaissent comme très lointains.

Mais l'aversion aux pertes peut également expliquer pourquoi la très large majorité des véganes ne se remettent pas à consommer des produits d'origine animale. La période délicate est la période de transition alimentaire, pendant laquelle les individus subissent fortement les « pertes » associées à cette transition. Une fois celle-ci passée, les consommateurs ont changé leur point de référence. À cet instant, la nouvelle situation de référence est un mode de vie sans exploitation animale. Autrement dit, les pertes associées à la consommation de viande sont les gains à l'arrêt de la consommation de viande et réciproquement. Ainsi, recommencer à consommer de la viande a pour gain le plaisir gustatif mais pour pertes le bien-être animal, l'état de la planète et la santé. La charge est maintenant inversée : il faudrait que le plaisir gustatif soit largement supérieur aux pertes pour qu'un individu décide de manger à nouveau de la viande.

7. L'EMPATHIE ÉMOTIONNELLE ISOLÉE

Les analyses précédentes ont pris pour point de départ le paradoxe de l'exploitation animale, un phénomène concernant uniquement les individus altruistes (les individus égoïstes n'ayant pas de tension entre intérêts personnels et intérêts pour les animaux, car ils ne se préoccupent pas de ces derniers). Nous avons principalement examiné cette tension en supposant que le niveau d'altruisme est fixe pour un individu.

Les économistes ont considéré que ce niveau d'altruisme peut être impur (*warm-glow*, licence morale), certes, mais qu'il est stable pour chaque individu. Les travaux en cognition montrent cependant que le processus d'empathie n'est pas immuable et que les comportements altruistes peuvent varier pour un même individu en fonction des mécanismes cognitifs et émotionnels mobilisés : un individu peut fort bien avoir lu ou entendu que les conditions de vie des porcs dans les élevages sont très difficiles en France, sans pour autant modifier son comportement. Pourtant, il est fort probable que l'individu soit bien plus révolté en visionnant une vidéo sur ces conditions d'élevage. Le niveau de connaissances d'un individu est donc le même dans les deux situations, mais il est vraisemblablement plus susceptible de changer son alimentation dans le second cas. Cette différence de réaction à information constante peut être expliquée par le mécanisme empathique mobilisé.

Le paradoxe de l'exploitation animale peut s'expliquer en partie par la dualité du système empathique. Les travaux en psychologie ont notamment distingué deux formes d'empathie : l'empathie émotionnelle et l'empathie cognitive[1]. L'empathie émotionnelle est une forme instinctive de l'empathie : elle se déclenche chez une personne directement confrontée à la détresse d'autrui. L'empathie cognitive correspond quant à elle à un processus rationnel au cours duquel un individu fait un effort pour essayer de se mettre à la place d'un autre individu. De manière imagée, l'empathie

1. Voir par exemple Davis (1983).

émotionnelle peut se résumer à : « Je ressens ce que tu ressens », et l'empathie cognitive à : « Je comprends ce que tu ressens ». Tandis que l'empathie émotionnelle est spontanée et nécessite de voir (ou du moins d'appréhender directement), l'empathie cognitive demande une volonté de réfléchir à des situations que l'individu n'observe pas.

Des neuroscientifiques ont cherché à comprendre si les deux systèmes empathiques relevaient de processus distincts ou s'ils ne constituent que deux côtés d'une même pièce. Le système d'empathie émotionnelle est développé chez de nombreux animaux, tels que les oiseaux ou les rongeurs, mais l'empathie cognitive semble se développer principalement chez les mammifères les plus développés comme les grands singes[1]. Adam Smith (2006) examine plusieurs scénarios et plaide pour un modèle où les deux systèmes empathiques relèvent de mécanismes neuronaux distincts mais complémentaires.

C'est également cette hypothèse que privilégient Simone Shamay-Tsoory et ses co-auteurs[2]. Dans leur étude, les auteurs analysent les réactions empathiques de participants ayant subi des lésions neuronales. Certains participants ont été touchés dans la région ventro-médiane du cortex préfrontal, qui est en charge de l'empathie cognitive, tandis que d'autres ont subi des lésions au niveau du gyrus frontal inférieur, qui est associé à l'empathie émotionnelle. Les auteurs montrent que les lésions associées à chaque

1. De Waal (2008).
2. Shamay-Tsoory, Aharon-Peretz et Perry (2009).

mécanisme neuronal affectent bien les systèmes empathiques associés, ce qui plaide en faveur de systèmes empathiques bien distincts au niveau du cerveau. Mais ils rapportent également qu'ils ont observé des effets croisés (bien que non significatifs) : diminuer le niveau d'empathie d'un système pourrait conduire à une faible diminution du niveau d'empathie de l'autre système. Comme le soulignent Andrea Heberlein et Rebecca Saxe (2005), que les deux mécanismes empathiques puissent être dissociés dans une étude n'implique pas nécessairement qu'ils soient systématiquement dissociés. Ainsi, les résultats en neurosciences tendent à montrer que les deux systèmes sont bien distincts mais peuvent interagir.

La manière la plus intéressante de conceptualiser le lien entre deux systèmes empathiques est cependant de considérer l'empathie émotionnelle comme le carburant de l'empathie cognitive. Adam Smith (2006) présente la complémentarité des deux systèmes empathiques comme suit :

> L'empathie cognitive pourrait aider à gérer les réponses d'empathie émotionnelle. L'empathie émotionnelle pourrait guider et réglementer l'utilisation de l'empathie cognitive. L'empathie cognitive pourrait nous donner envie d'aider quelqu'un d'autre et l'empathie cognitive pourrait clarifier le type d'aide approprié. (Smith, 2006, p. 7, je traduis)

La dualité du système empathique est importante pour comprendre le manque de compassion actuelle envers les animaux. Certes, nous observons chez les êtres humains une forte empathie émotionnelle envers ceux dont ils sont proches comme les chats et les chiens, et aussi certains mammifères, en particulier lorsqu'ils sont en bas âge. Comprendre les sources de cette empathie émotionnelle dépasse l'objet de cet ouvrage mais certains travaux considèrent qu'il s'agit d'un trait évolutif de l'espèce humaine, qui tend à vouloir protéger ce qu'elle trouve touchant, ce mécanisme étant un des moteurs des préoccupations des parents pour leurs enfants[1]. Les résultats d'une étude déclarative de Malin Angantyr et ses co-auteurs[2] suggèrent en effet que les êtres humains disent avoir autant d'empathie pour les animaux que pour les enfants[3]. On peut également observer que l'humanité est capable d'empathie cognitive envers les animaux. Cette capacité à pouvoir « penser comme un animal » serait en réalité une caractéristique unique des *Homo sapiens*[4]. Cette caractéristique aurait permis aux humains d'anticiper les comportements de leurs proies dans la préhistoire.

Il semblerait donc que les êtres humains disposent, du point de vue cérébral, de tous les outils pour ressentir les deux formes d'empathie envers les animaux. Dans le monde contemporain, où les êtres humains sont capables de vivre en parfaite santé sans faire de mal aux animaux pour lesquels ils éprouvent de la compassion, pourquoi les humains décident-ils de soutenir l'élevage industriel ? Un élément de réponse,

1. Archer (1997).
2. Angantyr, Eklund et Hansen (2011).
3. Les auteurs avancent que ce résultat s'explique en partie parce que les animaux, comme les enfants, ne sont pas responsables de la situation dans laquelle ils se trouvent.
4. Bradshaw, Paul *et al.* (2010).

en plus de ceux déjà évoqués précédemment, est que notre société a si bien mis à l'écart la souffrance animale, que notre empathie émotionnelle ne s'active plus. Nous l'avons vu, nos sociétés ont considérablement œuvré ces derniers siècles à éloigner la souffrance animale de la sphère publique (lois sur les abattoirs au début du XIXe siècle, loi Grammont en 1850...) et les abattoirs ont eu pour objectif de « cacher cette mort que nous ne saurions voir[1] ». L'établissement des abattoirs a eu pour conséquence de couper le lien qui existe entre la mise à mort de l'animal et la viande consommée[2], et, selon Sylvain Leteux, d'« enferme[r] la tuerie derrière de hauts murs[3] ».

La dissimulation de la souffrance des animaux dans notre société a rompu le lien entre les souffrances animales et l'empathie émotionnelle. Parce que nous ne voyons plus souffrir les animaux destinés à la consommation, nous ne sommes plus en mesure de ressentir *viscéralement* leur souffrance. Puisque l'empathie émotionnelle est le carburant de l'empathie cognitive, la distanciation vis-à-vis de la souffrance animale nous empêche d'autant plus de comprendre ce que vivent ces animaux.

Cet état de fait explique en partie le paradoxe de l'exploitation animale tel que nous l'observons. Quand

1. France Culture, « Les nouvelles de l'éco », 6 novembre 2018 : « Abattoirs : innover pour mieux tuer ? »

2. « Oubliant collectivement le rapport charnel qui unit l'animal dans nos champs à la viande dans notre assiette, la mise à mort animale devient une forme de procédé symbolique et mystérieux qui transforme, loin des regards, la bête en steak » : *idem*.

3. « Les nuisances dans la ville : le cas des abattoirs parisiens (du XVIIIe au début du XXe siècle) » par Sylvain Leteux, 2013, HALSHS.

un individu consomme de la viande, son niveau d'empathie est très bas car l'empathie émotionnelle n'est pas mobilisée et l'empathie cognitive a beaucoup de mal à s'activer (il est difficile de *comprendre* ce que vivent les animaux quand on connaît mal les conditions d'élevage et de mise à mort). Au contraire, quand ce même individu voit un animal se faire maltraiter au bord de la route, son empathie émotionnelle prend le dessus (et peut éventuellement activer l'empathie cognitive), ce qui le pousse à s'insurger contre cet état de fait et à agir. Le paradoxe de l'exploitation animale peut alors s'expliquer par le fait que notre empathie émotionnelle nous pousse à nous soucier des animaux mais que la distanciation créée par la société nous empêche de mobiliser cette empathie émotionnelle dans nos choix de consommation.

8. INFLUENCE SOCIALE : APPRENTISSAGE SOCIAL ET NORMES SOCIALES

Les éléments présentés jusqu'ici pour expliquer le paradoxe de l'exploitation animale proviennent principalement de l'individu en tant que sujet de décision. Le fait est qu'un individu prend ses décisions dans un contexte social et, plus encore, acquiert l'information dans ce contexte social. Imaginons par exemple qu'un ami vous invite à assister à un numéro de cirque impliquant des lions. D'une part, comme vous savez que votre ami est altruiste, vous pensez qu'il ne vous inviterait pas au cirque si les lions y étaient mal traités. Vous déduisez ainsi indirectement de l'information (correcte ou erronée) de sa proposition (*apprentissage social*). D'autre part, lorsque vous décidez d'accepter ou de refuser son invitation, vous prenez en compte ce que votre refus impliquerait. Par exemple, il est mal vu de refuser un cadeau, ou bien vous ne voulez pas passer pour un être asocial en refusant d'aller au cirque, qui est une activité conviviale (*normes sociales*).

Apprentissage social

La théorie économique postule que les individus acquièrent de l'information sur le monde qui les entoure et décident en fonction d'elle des actions à entreprendre. L'ignorance sincère, que nous avons envisagée en premier lieu, peut constituer l'une des sources du paradoxe de l'exploitation animale : si les individus altruistes ignorent ce qu'il en coûte aux animaux d'être exploités, alors ils ne voient pas la nécessité de changer de comportement. Ainsi, un des points centraux pour améliorer la condition animale est de comprendre comment les individus changent leurs croyances sur les conséquences de l'exploitation des animaux pour leur bien-être.

La science économique distingue généralement deux sources d'information susceptibles de modifier nos croyances : les *signaux privés* et les *signaux publics*. Les signaux privés correspondent à tout ce qu'un individu observe mais qui n'est pas directement observable par les autres membres de la communauté.

Imaginons un électricien qui effectue une intervention dans un élevage intensif. Il voit les conditions dans lesquelles vivent les animaux : il aura eu de l'information privée sur le sujet. Imaginons maintenant que des militants s'infiltrent dans ce même élevage, filment les conditions dans lesquelles évoluent les animaux, puis les diffusent en ligne. Cette information est maintenant accessible à tous : il s'agit d'une information publique.

L'apprentissage social correspond aux situations au cours desquelles nous déduisons indirectement de l'information sur le monde qui nous entoure en observant les actions des personnes que nous côtoyons. Nous définissons en effet nos comportements à partir de l'information privée dont nous disposons, et quand nos actions sont observables par la communauté (information publique), ils révèlent indirectement notre information privée. Par exemple, quand vous dînez au restaurant avec d'autres individus, vous commencez le repas avec votre croyance initiale (appelée *priors*) que la consommation de viande est néfaste pour le bien-être des animaux. Si vous êtes altruistes et que vous mangez de la viande, c'est que vous pensez qu'il y a peu de chances que les animaux exploités pour cette consommation de viande souffrent. Au fur et à mesure que vos amis commandent des plats à base de viande, vous vous sentez confortés dans votre croyance : vous en déduisez qu'ils pensent eux aussi que les animaux exploités pour produire la viande sont bien traités. Ainsi, de leur action publique (leur commande au restaurant), vous obtenez de l'information sur leurs croyances à eux, et donc sur l'information privée qu'ils ont pu individuellement collecter dans le passé.

Imaginons maintenant qu'un de vos amis commande un plat végétarien. Vous déduisez de son comportement qu'il pense que la consommation de viande est néfaste pour le bien-être animal. Vous penserez alors qu'il a eu accès à des informations dont vous n'avez pas connaissance et changez vos croyances : son comportement vous pousse à remettre en question le fait que la consommation de viande ne pose pas de problèmes (graves) pour les animaux.

De fait, nous apprenons à partir des actions des personnes que nous observons. Comme nous ne pouvons pas tout observer par nous-mêmes, ce que font les autres peut être une source précieuse d'information. C'est ce qu'on appelle *l'apprentissage social*. Cet apprentissage peut se révéler très efficace car il permet indirectement d'accéder à plus d'information. L'idée sous-jacente pourrait être que si tout le monde agit d'une certaine façon, c'est qu'il y a bien une raison. Ce genre de comportement peut conduire à des *cascades informationnelles*[1], quand la croyance collective est tellement forte que les individus négligent l'information privée dont ils disposent et suivent le comportement du groupe.

Les cascades informationnelles peuvent être un facteur explicatif central du paradoxe de l'exploitation animale. On constate en effet que la population est relativement ignorante des conditions d'exploitation des animaux. Les citoyens n'ont pas accès pour la grande majorité à une source d'information directe et il serait coûteux pour eux de se renseigner sur tous les sujets. Ainsi, lorsqu'ils observent que 98 % de

1. Banerjee (1992) ; Chamley (2004).

la population mange de la viande, ils en déduisent qu'il est très improbable que la production de viande nuise gravement aux animaux (sinon, les autres n'en consommeraient pas).

Le problème des cascades informationnelles est que les nouvelles informations ne sont pas prises en compte dans la croyance collective. Si un nouvel individu reçoit un message privé prouvant que la consommation de viande est néfaste pour les animaux, ce message pèsera pour très peu par rapport au poids du groupe et il continuera à manger de la viande. Ainsi, de nombreux individus peuvent recevoir de l'information sur le fait que la consommation de viande est néfaste mais continuer à en manger, car ils pensent avoir individuellement reçu une information extrême, de mauvaise qualité (« c'était sûrement un cas exceptionnel »).

La cascade informationnelle surgit quand le poids de la connaissance collective est fort. Dans le cas de la consommation de viande, la situation dans laquelle nous nous trouvons en 2020 est largement différente de celle que les Français ont connue au début du XXe siècle. À l'époque, l'élevage industriel n'existait pas, la consommation de viande était assez peu fréquente et la population était moins nombreuse. Ces trois facteurs expliquent que les externalités liées à la consommation de viande étaient plus faibles : les animaux étaient plutôt élevés dans de bonnes conditions (du moins, meilleures qu'aujourd'hui), la santé ne pâtissait pas d'une surconsommation de viande et les émissions de gaz à effet de serre étaient relativement faibles. Les générations précédentes ont construit leur croyance collective sur cet état de l'élevage et nos parents et grands-parents nous ont transmis cette croyance : à leur époque, manger de la viande posait moins de problème, et nous l'ont ainsi inculqué.

Pourtant, la réalité des conséquences de l'élevage a changé et impose maintenant de lourdes externalités. Nous recevons plusieurs signaux qui nous montrent ces externalités mais les cascades informationnelles prédisent que nous ne donnerons que peu de poids à ces informations. Puisque nous sommes 98 % à consommer de la viande, que les connaissances sur l'élevage reposent sur une vision datée, loin de la réalité actuelle, et que l'accès à l'information sur les nouvelles conditions d'élevage est complexe, les individus perpétuent des comportements de consommation qui ont de graves conséquences sur le bien-être des animaux.

Normes sociales, désir de conformité et identité sociale

L'exploitation animale s'opère dans un cadre social plus riche que le simple apprentissage social. En effet, l'apprentissage social correspond à la partie rationnelle de l'influence sociale : en observant les décisions des autres, nous apprenons sur les conséquences de nos propres actions. Mais la dimension sociale associée à l'exploitation animale dépasse ce cadre-là. Nous évoluons tous au sein de communautés vis-à-vis desquelles nous nourrissons un *désir de conformité*. Quand un individu décide de continuer à manger de la viande au sein d'une communauté où la majorité en mange, il faut distinguer : tout d'abord, qu'il le fait car il y a potentiellement (à tort ou à raison) beaucoup d'information dans le fait que les membres de sa communauté en mangent (*apprentissage social*) ; et ensuite, qu'il le fait pour reproduire les comportements du groupe et continuer à en faire partie (*désir de conformité*).

Le désir de conformité fait partie du champ de recherche plus large sur les normes sociales. Si la science économique a longtemps analysé les décisions d'un individu sans considération pour son cadre social, de nombreux travaux en économie comportementale se sont saisies depuis de cette dimension. Nous savons par exemple que les individus favorisent les membres de leur groupe plutôt que des membres d'autres groupes[1]. Nous savons également qu'il existe des effets de *pression des pairs* qui nous incitent à adopter le même comportement que des autres membres du groupe ou celui souhaité par le groupe. L'effet de pression des pairs trouve son origine dans le fait que nous observons autrui ou que celui-ci nous observe (Georganas, Tonin et Vlassopoulos, 2015). Mohnen, Pokorny et Sliwka (2008) montrent par exemple que le fait d'être observés conduit les individus à prendre des décisions plus altruistes. Allcott (2011) montre également que le fait d'observer les actions des autres nous pousse à entreprendre des actions pro-sociales. Puisqu'il existe un groupe, il existe un comportement *normal*, qui devient la *norme*, et toute déviation peut prêter le flanc à la critique.

1. Harris, Herrmann, Kontoleon et Newton (2015).

Dans un récent travail, George Akerlof et Rachel Kranton (2010) parlent également d'*économie de l'identité* (*identity economics*) pour décrire les phénomènes de normes sociales. Les auteurs prennent l'exemple de la consommation de cigarettes aux États-Unis : alors que fumer était majoritairement le fait des hommes au début du XXe siècle, la tendance s'est ensuite inversée et l'on observe maintenant des consommations à peu près comparables entre hommes et femmes dans le pays. Les auteurs attribuent ce changement de consommation au mouvement de libération des femmes dans les années 1970 et aux campagnes de marketing subséquentes qui ont persuadé les femmes que fumer était bien vu, voire les rendaient désirables. En d'autres termes, les choix de consommation, et plus largement les comportements des individus, s'inscrivent dans le cadre des normes sociales (au premier chef de celles en vigueur dans le groupe auquel nous appartenons).

Parmi les arguments le plus invoqués pour justifier la consommation de produits d'origine animale, on observe que de nombreux individus mettent en avant le fait que consommer de la viande est *normal*. Jared Piazza et ses co-auteurs[1] estiment ainsi que l'argument de normalité représente 10 % à 12 % des justifications pro-viande. Dans notre travail avec Nicolas Treich sur les ONG[2], nous proposons aux participants d'une expérience une série de dix d'arguments justifiant la

1. Piazza, Ruby, Loughnan, Luong, Kulik, Watkins et Seigerman (2015).
2. Espinosa et Treich (2020).

consommation de viande et nous leur demandons d'indiquer leur niveau de soutien pour chacun d'entre eux. L'argument de normalité apparaît comme le deuxième argument le plus repris (après celui de la nécessité), ce qui reflète l'importance des normes sociales dans le choix de consommation la viande.

De manière générale, on constate que les normes sociales jouent un très grand rôle dans l'alimentation[1] et que nous faisons attention à l'image que nos choix alimentaires donnent de nous (*impression-management*)[2]. Lenny Vartanian et ses co-auteurs[3] expliquent que nous jugeons les individus en fonction de ce qu'ils mangent et de la quantité de nourriture qu'ils consomment. Ils observent que les individus qui adoptent des alimentations saines sont jugés comme plus féminins, moins masculins, plus moraux, moins drôles et en meilleure santé. Nos choix alimentaires influent sur notre *image sociale :* en fonction des traits de personnalité valorisés dans le milieu social auquel nous aspirons, nous adaptons notre alimentation pour rendre ces traits plus saillants. Le meilleur exemple pour la consommation de viande est celui de la masculinité. De très nombreuses études ont porté sur le lien entre la perception de la masculinité et le régime alimentaire[4]. Paul Rozin et ses co-auteurs[5] montrent que c'est la dimension musculaire de la viande qui

1. Vartanian, Spanos, Herman et Polivy (2015).
2. Vartanian (2015).
3. Vartanian, Herman et Polivy (2007).
4. Par exemple : Adams (1990, 2004) ; Rothgerber (2013) ; Thomas (2016).
5. Rozin, Hormes, Faith et Wansink (2012).

fait écho à la masculinité : ainsi, la consommation de poulet ou de poisson n'est pas associée à davantage de masculinité. Matthew Ruby et Steven Heine (2011) trouvent également que l'alimentation végétarienne est adoptée par des consommateurs que l'on juge plus moraux que les autres.

Le processus d'influence sociale n'agit cependant pas nécessairement de manière consciente. Dans une récente étude, Chelsea Christie et Frances Chen (2018) analysent la décision d'un individu dans un restaurant de commander un plat à base de viande en fonction de ce qu'a choisi la personne qui le précédait dans la file d'attente[1]. Après avoir analysé les choix sur une période de neuf mois, ils montrent une forte corrélation entre la commande d'un individu et celle de la personne se trouvant avant lui : si le client précédent a commandé un plat végétarien, l'individu aura davantage de chance d'en commander un à son tour[2]. Les résultats montrent en effet que la probabilité de commander un plat végétarien est de 18 % si l'individu précédent a commandé un plat à base de viande, et de 47 % si l'individu précédent a commandé un plat végétarien. Dans un questionnaire administré après la commande, seule une minorité des participants (21 %) déclarent avoir été influencés par le choix du client précédent. On observe néanmoins une relation

1. Parce que les auteurs cherchent à voir l'influence du choix d'autrui sur sa propre décision de manger de la viande, ils excluent de leur analyse les végétariens et les véganes qui, par définition, ne mangeront pas de viande.

2. Les auteurs ont exclu les cas où les deux clients se connaissaient.

significative entre le choix de la personne précédente et le choix d'un consommateur pour ceux qui déclarent ne pas avoir été influencés. Le processus d'influence sociale peut donc être inconscient.

Si nos décisions de consommation relèvent principalement d'un choix privé, elles s'inscrivent dans un contexte social et véhiculent ainsi aux autres de l'information sur la façon dont nous voyons le monde (*apprentissage social*) et sur nos attributs moraux et nos considérations vis-à-vis de nos groupes de références (*normes sociales*). Parce que nos groupes sociaux de référence considèrent que l'exploitation animale ne pose pas de problème, dévier de cette norme sociale nous est coûteux. Le prix à payer pour s'écarter de la norme sociale peut constituer un frein au changement et expliquer le paradoxe de l'exploitation animale : si nous observons de l'information nous laissant penser que l'exploitation animale est très néfaste pour ces derniers, nous ne souhaitons pas nécessairement pour autant nous couper des groupes sociaux auxquels nous appartenons. Changer notre comportement reviendrait à questionner le groupe social et à nous marginaliser. C'est pourquoi nous avons tendance à adapter nos habitudes alimentaires à celles du groupe social auquel nous appartenons (Suzanne Higgs et Jason Thomas, 2016).

Enfin, on peut noter que la théorie économique distingue généralement deux types de normes : les normes *descriptives* (ce que font les membres du groupe) et les normes *injonctives* (ce que les membres du groupe estiment que l'on devrait faire). Si les comportements sont difficiles à changer, l'un des premiers objectifs pour réduire l'exploitation animale consiste à changer les normes *injonctives*, à savoir convaincre les groupes sociaux qu'*il faut* diminuer significativement le recours à l'exploitation animale. La conscientisation croissante de la population à l'enjeu éthique que représente l'exploitation animale laisse à penser que le changement des normes injonctives est en bonne voie. La prochaine étape consiste à concrétiser ce changement de normes injonctives en un changement de comportement effectif. C'est l'objet du chapitre suivant.

*

Nous avons analysé plusieurs théories permettant d'expliquer le paradoxe de l'exploitation animale. Pour les résumer, imaginons que vous demandiez à un ami pourquoi il continue à manger du porc en dépit des nombreuses critiques essuyées par l'élevage intensif de ces animaux en France. Il vous répondrait ceci :

> Pour être honnête, je ne sais peu de choses sur l'élevage des cochons car je n'en ai jamais vu (*ignorance sincère*). Cependant, je me dis que cela ne doit pas être si horrible qu'on le décrit et je ne suis pas sûr que les cochons souffrent vraiment (*dissonance cognitive*). Et puis, à quoi bon arrêter de manger du porc ? À moi tout seul, je n'aurais aucun impact (*bien public*). Peut-être que je devrais en manger moins, mais quand je fais les courses, je ne fais pas attention, je choisis par habitude (*système 1-système 2*). Tu sais, je fais déjà beaucoup pour les animaux, je donne tous les ans une centaine d'euros à la SPA (*altruisme impur*). C'est vrai que quand je vois les vidéos de L214 ou d'autres associations, ça me

bouleverse viscéralement et je me dis qu'il faudrait que je fasse quelque chose, mais au quotidien, ça me paraît très loin, comme situation (*empathie émotionnelle isolée*). De plus, je me dis que les vidéos ne sont peut-être pas représentatives : si tout le monde mange de la viande, c'est qu'il y a bien une raison (*apprentissage social*), non ? Dans tous les cas, je ne me vois pas devenir végétarien, tu imagines comment cela serait perçu dans ma famille (*normes sociales*) ! Et puis après tout, je mange bien ce que je veux. Qui sont ces gens, pour me dire ce que je dois faire (*réactance*) ?

Chapitre IV

Quelles solutions pour améliorer la condition animale ?

Dans le premier chapitre, nous avons expliqué comment nous pouvons donner plus de considération aux animaux dans notre société en les faisant entrer dans ce que les économistes appellent le *bien-être social*. Dans le deuxième, nous avons vu que la situation des animaux en France est aujourd'hui cruelle et que le bien-être social pourrait être grandement amélioré par des mesures en faveur des animaux. Le gain serait double : pour les animaux directement et pour les êtres humains altruistes par transitivité. Le troisième chapitre a montré que notre société est dans une situation paradoxale dans laquelle nombre d'individus souhaitent mieux traiter les animaux, mais maintiennent par leurs comportements les animaux dans des situations précaires. Nous avons vu plusieurs théories qui peuvent expliquer pourquoi ce paradoxe de l'exploitation animale perdure.

Ce quatrième chapitre s'intéresse aux actions que nous pouvons entreprendre collectivement pour aider les animaux et sortir du paradoxe de l'exploitation animale. Nous analyserons le rôle des organisations de défense des animaux (discours de sensibilisation, travail de lanceurs d'alerte, vote animaliste), puis les interventions menées par l'État (taxation, subvention aux associations, *nudges*), avant d'aborder les solutions proposées par les entreprises (labels, similicarnés, viande de culture).

Nous n'aborderons pas directement la question de l'action individuelle, parce que la question animale est une question collective. L'enjeu est de faire en sorte que notre société exploite moins les animaux qu'elle ne le fait aujourd'hui. Au niveau individuel, toutes les actions qui peuvent alléger leur souffrance, parmi lesquelles celle qui consiste à cesser de manger de la viande, sont néanmoins importantes. S'il semble difficile de convaincre la population entière de devenir végane dans les années à venir, peut-être pouvons-nous réussir à convaincre nos concitoyens de l'importance de moins exploiter les animaux.

1. LES SOLUTIONS À L'INITIATIVE DES ORGANISATIONS DE DÉFENSE DES ANIMAUX

Les associations constituent le principal moteur de l'amélioration de la cause animale dans nos sociétés. D'innombrables organisations agissent au quotidien pour le bien-être des animaux, à l'exemple des très nombreuses associations qui accueillent et prennent soin des animaux abandonnés ou souffrants (par exemple la Société Protectrice des Animaux, les refuges soutenus par Fondation 30 Millions d'amis, ou encore GroinGroin). Le travail de ces bénévoles est immense et mériterait d'être quantifié.

Nous nous focalisons ici sur le travail des associations qui cherchent à améliorer la condition animale en influençant le comportement des individus, des entreprises et des responsables politiques, en particulier aux organisations qui visent à déclencher ces changements de mentalité, de réglementation et plus globalement de société comme L214, Welfarm ou Paris Animaux Zoopolis.

Les discours de sensibilisation

Une partie importante des ressources des associations de défense des animaux est consacrée aux campagnes de sensibilisation de l'opinion publique. Qu'il s'agisse d'actions ponctuelles pour attirer l'attention médiatique ou populaire sur un problème particulier (manifestations, rassemblements) ou bien d'activités plus régulières (tractage de rue, participation à des salons), les associations organisent de nombreux événements pour informer citoyens et responsables publics des enjeux de la cause animale (campagnes sur les réseaux sociaux, publicité à la radio, affichage de rue...). Mais toutes les associations n'affichent pas le même message dans leur communication ni n'utilisent les mêmes méthodes pour essayer de faire changer la société.

Le mouvement de défense des animaux se caractérise en effet par une forte hétérogénéité de militantisme. Cette hétérogénéité n'est pas nouvelle, ainsi que le note Robert Garner (1993) dans une étude portant sur le Royaume-Uni dans la seconde moitié du XXe siècle. L'auteur y distingue deux principaux types d'associations : les organisations *welfaristes* et les organisations *abolitionnistes*. Les organisations welfaristes considèrent que l'exploitation des animaux ne peut être justifiée que si les souffrances infligées apparaissent nécessaires. Ce n'est pas le cas pour la corrida, par exemple, mais certains pourraient arguer que l'expérimentation animale reste une pratique nécessaire. Dans le cas où l'exploitation animale semble nécessaire, les tenants du welfarisme cherchent à limiter les souffrances des animaux exploités. Dans cette optique, le welfarisme ne questionne pas l'idée même d'exploitation et accepte le principe d'un calcul coûts/bénéfices pouvant justifier l'exploitation animale.

Par opposition aux organisations welfaristes, Robert Garner définit les associations abolitionnistes comme celles dont l'objectif consiste à mettre un terme à toute forme d'exploitation animale. Elles considèrent les animaux comme des sujets de droit et refusent l'idée de procéder à un calcul coûts/bénéfices sur l'exploitation animale. De manière générale, ces associations refusent de transiger avec les droits fondamentaux des animaux, comme celui à ne pas être exploités, qu'elles considèrent comme inaliénables.

La dichotomie proposée par Robert Garner permet de repérer deux grands types d'organisations de protection des animaux en fonction des objectifs qu'elles poursuivent à long terme. Si les associations se distinguent par la vision idéale de la société qu'elles souhaitent atteindre, elles diffèrent également dans les objectifs à court terme qu'elles se donnent en vue de l'atteindre. Ainsi, il est possible que les associations se fixent des objectifs à court terme plus modestes que leurs objectifs à long terme car elles considèrent qu'il s'agit de la manière la plus efficace de faire changer la société.

De manière empirique, on constate qu'il existe en réalité trois grands types d'organisations. La première regroupe les organisations ayant un objectif à long terme welfariste et qui adoptent également une stratégie welfariste à court terme. L'association Welfarm entre dans cette catégorie : l'objectif premier que l'association affiche sur sa page internet consiste à « soutenir et encourager les initiatives d'éleveurs, de l'industrie agro-alimentaire et de la distribution qui contribuent à améliorer le bien-être des animaux en élevage ». Welfarm ne vise pas à remettre en question l'exploitation animale dans les fermes mais cherche à améliorer les conditions de vie des animaux qui s'y trouvent en leur donnant les meilleures conditions de vie possibles. L'association développe une stratégie de communication en adéquation avec cet objectif. Welfarm milite par exemple pour repenser le transport des animaux aux abattoirs et recommande que les « animaux [soient] élevés et abattus à proximité de leur lieu de naissance ».

Le deuxième type regroupe certaines organisations qui possèdent un objectif à long terme abolitionniste et adoptent une stratégie de communication également abolitionniste. Ces associations sont parfois appelées « abolitionnistes non réformistes ». L'association française Boucherie Abolition en est un exemple représentatif. L'association possède un objectif abolitionniste clair, qui se reflète dans sa dénomination même, et sa stratégie de communication se veut manifestement abolitionniste. Elle présente sur sa page internet un « Manifeste pour l'abolition de la boucherie ».

Les organisations relevant de la troisième catégorie ont quant à elles un objectif abolitionniste sur le long terme tout en ayant recours, partiellement ou en totalité, à des stratégies welfaristes à court terme. Elles entrent dans la catégorie des associations que certains ont appelée « abolitionnistes réformistes ». L'association L214, aujourd'hui la plus grande organisation de protection des animaux exploités dans les élevages, est emblématique. Elle possède des objectifs à long terme clairement abolitionnistes, expliquant sur son site internet qu'elle « souhaite que notre société en arrive à reconnaître que les animaux ne sont pas des biens à notre disposition, et ne permette plus qu'ils soient utilisés comme tels ». Les stratégies de communication développées par l'association sont cependant mixtes et s'inscrivent en partie dans une démarche welfariste. Plusieurs de ses actions ont pour but l'amélioration immédiate du bien-être des animaux sans demander à court terme l'interdiction de toute forme d'exploitation animale. L'organisation encourage « les consommateurs à adopter une attitude d'achat responsable, au mieux en se passant de produits d'origine animale, au minimum en réduisant leur consommation de tels produits et en refusant ceux issus des élevages intensifs ». L214 est également membre de l'alliance Open Wing, dont l'objectif est de mettre un terme à l'élevage de poules pondeuses en cages. En se centrant sur l'élevage intensif plutôt que sur un refus en bloc du système d'exploitation, les associations de cette troisième catégorie adoptent la stratégie dite des petits pas. Ces associations considèrent que, s'il existe des désaccords sur les objectifs de long-terme, il est important d'avancer sur les mesures en faveur du bien-être des animaux qui font aujourd'hui consensus.

Dans un récent travail, j'ai cherché à établir une cartographie du militantisme français des associations de défense des animaux[1]. À partir des réponses à une enquête en ligne envoyée aux responsables d'associations françaises, cette étude mesure le niveau de welfarisme du militantisme français, ainsi que son niveau de « modération » (à savoir, le refus de recourir à des actions violentes envers les personnes ou les biens). Les résultats positionnent les associations sur deux axes pouvant prendre des valeurs comprises entre 0 et 1.

On constate tout d'abord une importante hétérogénéité du militantisme français de défense des animaux sur les deux dimensions retenues. En ce qui a trait à la modération, on observe en effet des scores couvrant l'ensemble du spectre, allant de 0,033 (radical) à 0,900 (modéré). L'association Boucherie Abolition fait figure d'exception et toutes les autres associations ont un

1. Espinosa (2020).

score de modération supérieur à 0,367 (Droits des animaux). De la même manière, on relève des scores de welfarisme très variables, compris entre 0,133 (abolitionniste à court terme) et 0,733 (welfariste à court terme). Ici aussi, Boucherie Abolition présente le score de welfarisme le plus faible, mais d'autres organisations telles que Anonymous for the Voiceless obtiennent des résultats assez proches.

De façon générale, on observe que le militantisme français se veut plutôt modéré et welfariste. En pondérant les scores des associations en fonction de leur audience (à savoir le nombre d'abonnés aux pages Facebook), on obtient un score moyen de modération de 67,4 % et un score moyen de welfarisme de 56,3 % En effet, une très large majorité d'associations ayant répondu à l'enquête condamne la violence : 74 % considèrent que le recours à la violence dans le militantisme est négatif. Elles adhèrent en grande majorité à l'idée qu'il faut privilégier les petites actions dont on est sûr qu'elles seront adoptées (67,8 %) et une large partie d'entre elles soutiennent Lundi Vert (85,1 %), opération welfariste visant à *réduire* la consommation de viande. Les actions qu'elles entreprennent révèlent également leur positionnement moyen modéré et welfariste : plus de 90 % des associations s'engagent à sensibiliser le public ou tiennent des stands d'information, et plus de 70 % d'entre elles échangent avec les entreprises du secteur agro-alimentaire pour diminuer la souffrance animale, diffusent des tracts dans la rue ou lancent des pétitions. Au contraire, une faible minorité d'entre elles pratiquent des actions

« fortes » (6,5 %). Cette forte adhésion au welfarisme et à la modération est en outre fort probablement sous-estimée dû à la non-réponse de certaines grandes associations manifestement welfaristes et modérées comme la SPA, la Fondation 30 millions d'amis ou encore la Fondation Brigitte Bardot.

D'un point de vue économique, la question de l'hétérogénéité des militantismes est très intéressante. Pourquoi existe-t-il plusieurs types de militantisme ? Certains militantismes sont-ils plus efficaces que d'autres ? Le cas échéant, pourquoi observe-t-on cette hétérogénéité de militantismes et non pas un unique modèle, celui qui serait le plus efficace ? Est-ce parce que ces différents militantismes s'adressent à des cibles différentes dans la population ? Est-ce que les militants eux-mêmes sont différents et la diversité des militantismes répond-elle à la diversité des convictions et des attentes des militants ? Cette pluralité des militantismes ne reflète-t-elle pas en réalité la multiplicité des vues sur ce qui est le plus efficace pour faire avancer la cause des animaux ? Ces différents types de militantismes se complètent-ils et se renforcent-ils les uns les autres (*good cop/bad cop*) ?

Si ces questions représentent un programme de recherche à part entière, nous avons essayé d'apporter des premiers éléments de réponse avec Nicolas Treich dans un récent travail que nous avons brièvement abordé dans le chapitre 3 sur les biens publics (*Moderate* vs. *Radical NGOs*[1]). Dans cette expérience

1. Espinosa et Treich (2020).

menée à l'Université de Rennes 1, nous avons réparti 318 participants de manière aléatoire dans trois groupes. Dans le premier, les participants devaient prendre quatre décisions en laboratoire. Premièrement, les participants recevaient 10 euros qu'ils pouvaient garder pour eux ; ils pouvaient également donner une partie ou la totalité de cette somme à une association de défense des animaux. Deuxièmement, les participants pouvaient signer une pétition demandant la mise en place de plats végétariens hebdomadaires dans les cantines scolaires. La troisième décision était semblable à la deuxième mais concernait une pétition pour demander la fin de l'élevage intensif en France. Enfin, les participants avaient la possibilité de s'inscrire à une newsletter pour recevoir des conseils pour végétaliser leur alimentation. Ces quatre décisions reflètent la volonté des participants à s'engager en faveur du bien-être animal : soit en soutenant des ONG qui travaillent directement sur le sujet, soit en soutenant des initiatives communes pour diminuer l'exploitation animale, soit en prenant eux-mêmes des initiatives pour diminuer leur consommation de viande, d'œufs ou de fromage. Nous avons agrégé ces quatre mesures en une seule dimension qui reflète l'engagement en faveur des animaux.

Les participants des deuxième et troisième groupes devaient prendre les mêmes décisions mais étaient exposés au préalable à un discours semblable à ceux diffusés par les associations de défense des animaux. Les individus étaient invités à lire un texte qui développait la logique welfariste (il faut réduire la consommation de viande, surtout celle issue de l'élevage intensif) ou la logique abolitionniste (il faut arrêter tous les produits issus de l'exploitation animale, il n'y a pas d'exploitation heureuse). Ces textes, écrits par nos soins, contenaient les mêmes informations factuelles (conséquences sur la santé, sur l'environnement, sur le bien-être animal) mais seules les recommandations divergeaient. Pour s'assurer que les deux discours correspondaient bien aux codes de communication des associations, nous avons demandé à deux associations si elles étaient prêtes à les publier en ligne en leur nom propre, ce qu'elles ont accepté[1]. Les discours étaient donc bien représentatifs des discours militants auxquels les citoyens sont exposés habituellement.

Notre étude s'intéressait également aux arguments en faveur de la consommation de viande des participants (appelés « justifications pro-viande »). Deux semaines avant l'expérience, les participants avaient reçu un questionnaire pré-expérimental en ligne, où il leur était demandé de réagir sur plusieurs arguments en faveur de la consommation de viande (« c'est nécessaire pour la santé », « les animaux ne souffrent pas vraiment », « c'est naturel », « c'est normal », « ce n'est pas si mauvais pour l'environnement »...). Le jour de l'expérience, les participants étaient invités à indiquer à nouveau leurs « justifications pro-viande ». Comparer leurs arguments en faveur de la viande avant et après avoir été confronté au discours militant nous a permis de mesurer les effets du discours sur les croyances.

1. Cela permet de garantir la validité externe de notre expérience, c'est-à-dire qu'elle s'inscrit dans la réalité du terrain.

Les résultats de l'étude mettent en lumière, dans le cadre très contrôlé d'une expérience en laboratoire d'une heure avec une population majoritairement étudiante, les effets des discours welfaristes et abolitionnistes sur les actions des individus en faveur du bien-être animal par rapport à une situation sans discours. Les données montrent principalement deux résultats contradictoires. Premièrement, on observe que les deux types de discours influencent les justifications pro-viande dans la direction souhaitée par les associations. En l'absence de discours, les individus ne changent pas leurs justifications pro-viande entre le questionnaire pré-expérimental et le questionnaire rempli le jour de l'expérience. Quand ils sont exposés à un discours militant, ils ont tendance à significativement moins justifier la consommation de viande. Deuxièmement, on constate un effet inverse pour les actions : les individus exposés à un discours welfariste ne s'engagent pas plus en faveur du bien-être animal que les individus qui n'ont pas été exposé à texte militant. Plus surprenant encore, les participants exposés au discours abolitionniste ont tendance à s'engager en moyenne significativement moins pour la défense des animaux.

Le discours abolitionniste semblerait ainsi générer un effet de réactance : quand les injonctions aux changements sont trop fortes, les individus se sentent menacés dans leur liberté et décident d'agir à l'opposé de ce qui est prescrit. En ce qui concerne le discours welfariste, on observe un effet nul sur les actions (les participants ne changent pas leurs comportements par rapport à une situation sans discours). Il est possible que les individus réagissent de manière négative mais très légèrement : ils sont moins convaincus que la consommation de viande est justifiée mais réagissent négativement en ne changeant pas leurs actions. Il est également possible que les comportements soient difficiles à changer et qu'un effet d'inertie freine la modification des comportements. Pour ce qui est du discours abolitionniste, les individus montrent une réactance plus forte et décident de moins s'engager pour le bien-être animal : la réactance serait d'autant plus forte que le discours serait injonctif.

Cette contradiction entre les conséquences du discours sur les actions et sur les justifications pro-viande est particulièrement intéressante. On observe que les individus sortent du laboratoire avec une volonté plus faible de justifier la consommation de viande après avoir été exposés à un discours mais n'adaptent pas pour autant leurs actions à leur nouvelle vision du monde. Une des questions centrales pour de futures recherches est de connaître l'effet à long terme. L'effet de rejet est peut-être un effet de réaction négative à court terme et peut-être les individus justifiant moins la consommation de viande finiront-ils par en manger moins à long terme. Au contraire, on peut imaginer, conformément à la théorie de la dissonance cognitive, que les individus chercheront à terme à conserver leurs habitudes alimentaires et à « oublier » ce qu'ils ont appris pendant l'expérience.

Si la communication des associations de défense des animaux peut susciter des réactions de rejet (réactance), elles permettent néanmoins de lever plusieurs freins à l'amélioration du bien-être animal. Tout d'abord, ces associations sont le principal vecteur d'information pour le grand public et luttent ainsi contre l'ignorance sincère. Elles informent sur les besoins physiologiques des animaux, sur les derniers travaux scientifiques traitant des effets sanitaires et environnementaux de l'exploitation animale, et alertent sur des sujets qui seraient passés sous silence. De plus, leurs communications alternent généralement entre arguments théoriques et images d'animaux, mobilisant l'empathie émotionnelle au profit de l'empathie cognitive. Enfin, leurs discours ont pour principal objectif de changer les normes sociales (en rendant l'exploitation animale moins « acceptable » socialement) et apportent de l'information que pourront mobiliser les individus dans le cadre de l'apprentissage social (« si certains concitoyens refusent d'acheter des produits d'origine animale, c'est peut-être parce qu'ils connaissent mieux que moi les conditions de vie des animaux et qu'elles sont sûrement très mauvaises »). À cet égard, il est fort probable que, si elles arrivent à minimiser les effets de réactance, les associations de défense des animaux permettent de faire avancer la société vers moins d'exploitation animale.

Comme nous l'avons constaté, la grande majorité du mouvement animaliste français s'inscrit dans cette démarche welfariste, ce qui peut expliquer son succès dans la prise de conscience collective de l'enjeu du bien-être animal à laquelle nous assistons.

Les lanceurs d'alerte

Les associations de défense des animaux cherchent à sensibiliser l'opinion publique sur les conditions de vie des animaux. La plupart d'entre elles ont recours à des stands d'information, des tractages de rue ou des campagnes internet. Elles peuvent tenir des discours prônant l'amélioration des conditions de vie des animaux exploités ou bien l'abolition de toute forme d'exploitation animale. Parmi leurs modes d'action, on a pu noter cette dernière décennie un recours de plus en plus fréquent aux images directement issues des exploitations ou des abattoirs. L'objectif de cette méthode est simple : en partant du postulat que l'opinion publique serait choquée si elle connaissait la manière dont sont traités les animaux, les lanceurs d'alerte filment les exploitations animales pour montrer au grand public ce qui s'y déroule.

De fait, le travail des associations de défense des animaux a opéré un virage important avec l'apparition des vidéos embarquées dans les élevages et dans les abattoirs. L'idée d'ouvrir les portes des lieux d'exploitation animale n'est pas nouvelle. Henri Spira diffusait déjà dans les années 1970-1980 des photos d'animaux dans les pages du *New York Times* pour sensibiliser l'opinion publique à l'exploitation animale[1]. Comme il est devenu très facile de filmer et de diffuser des vidéos, ces images sont devenues l'une des méthodes les plus efficaces des associations

1. Singer (2018).

de défense des animaux pour sensibiliser l'opinion publique.

Deux associations sont particulièrement connues en France pour leurs vidéos embarquées : L214 et Direct Action Everywhere (DxE). La première organisation, L214, a pour but la protection des animaux exploités dans la production alimentaire. Son objectif affiché est de « rendre compte de la réalité des pratiques les plus répandues[1] ». La deuxième association, DxE, est une organisation internationale qui a vocation à informer sur les pratiques cruelles envers les animaux. Sur leur site internet, dans le menu « *Liberation in Action* », le premier axe décrit est le suivant : « Montrer la vérité : la violence est souvent faite dans les ténèbres, nous exposons cette violence à la lumière[2] ».

Ces deux associations se veulent toutes deux non violentes et partagent la conviction que le moyen le plus efficace d'améliorer le bien-être des animaux est de révéler aux citoyens les conditions dans lesquelles ils sont exploités. En d'autres termes, elles supposent que mettre à nu la réalité des élevages et des abattoirs constitue le point de départ de la lutte pour l'amélioration de la condition animale. En procédant ainsi, ces associations font trois hypothèses structurantes. La première est que le débat public manque avant tout de connaissances sur les conditions actuelles de

1. L214, Pourquoi L214".

2. Citation originale : "Exposing the truth: Violence is often done in the darkness. We bring that violence to light", Direct Action Everywhere.

l'exploitation animale. Autrement dit, *l'ignorance sincère* serait l'un des principaux freins à l'amélioration du bien-être animal. La deuxième hypothèse est que les pratiques de ces exploitations se font contre les préférences de la population : si les citoyens en étaient informés, ils exigeraient une réglementation plus stricte. La troisième hypothèse est que la diffusion des images directement issues de ces exploitations permettrait de faire prendre conscience de l'enjeu et d'opérer un changement de mentalité. L'utilisation de vidéos embarquées dans les élevages et les abattoirs constitue pour elles l'outil le plus logique et le plus efficace pour informer le public : elles permettent un accès direct à la réalité de l'exploitation animale.

Les vidéos publiées par ces associations sont souvent critiquées par les tenants de l'élevage et le ministère de l'Agriculture. L'un des principaux arguments invoqués consiste à dire que ces images représenteraient des cas exceptionnels, loin de la réalité des élevages français. Étienne Gangneron, de la FNSEA, déclarait ainsi à propos d'une vidéo de l'association L214 : « on prend toujours un cas isolé toujours avec des mauvaises pratiques pour faire croire que c'est l'ensemble des éleveurs qui travaillent de cette manière[1] ». En plus de l'argument d'exception, les détracteurs des associations animalistes déclarent que ces vidéos seraient le plus souvent sorties de leur contexte et qu'elles sont donc,

1. *L'Express*, « La FNSEA dénonce les méthodes de L214 », 21 mai 2018.

de fait, impossibles à interpréter. Philippe Hénaff, de l'Ordre des Vétérinaires de Bretagne, soutenait que « le problème de L214, c'est qu'il s'agit d'images choc, concentrées et sorties de leur contexte[1] ». À chaque nouvelle vidéo, nous assistons à un bras de fer médiatique entre les associations de défense des animaux et les industriels de l'élevage ainsi que les services de l'État, chacun mettant en avant sa vision de l'élevage : les vidéos embarquées pour L214, les campagnes publicitaires avec des animaux paissant dans les prairies pour les industriels et le ministère de l'Agriculture.

L'évolution de l'opinion publique en faveur du bien-être des animaux dans les élevages au cours des deux dernières décennies reflète cependant une lente évolution en faveur de ce travail des lanceurs d'alerte. Au cours du temps, la multiplication des vidéos a sérieusement battu en brèche l'argument des industriels que les images publiées par l'association constitueraient une exception. Depuis 2007, l'association a ainsi publié sur son site internet un grand nombre de vidéos embarquées dans des exploitations françaises et mettant en évidence les souffrances endurées par les animaux : 8 enquêtes sur les élevages de poulets, 14 enquêtes sur les élevages de poules pondeuses, 2 sur les élevages de poussins, 16 sur les élevages de cochons, 5 sur les élevages de chevreaux, 9 sur les lapins, 14 sur les canards, 2 sur les dindes et dindons,

1. France Bleu, « Polémique sur des élevages de veaux en Bretagne : pointé du doigt, Ouest Élevage va renforcer les contrôles », 15 octobre 2019.

20 sur les bovins, 2 sur les cailles, 9 sur les moutons, 4 sur les chevaux et 2 sur les visons[1].

Le second argument avancé par les tenants de l'élevage consiste à dire que les vidéos seraient sorties de leur contexte. Un tel discours peine pourtant à convaincre. Quand les images montrent des cochons qui s'entredévorent dans les élevages intensifs en raison de l'étroitesse des bauges et de la grande promiscuité, des volailles mortes qui se décomposent au sol parmi leurs congénères dans des hangars, ou encore des veaux qui reprennent connaissance après avoir été égorgés dans les abattoirs certifiés, le contexte importe peu : ces pratiques sont considérées par l'opinion publique comme inacceptables, quelle que soit la situation.

Objectifs sociaux des vidéos embarquées

De manière générale, ces vidéos répondent à deux objectifs sociaux. Le premier consiste à mettre en lumière des pratiques qui ne respectent pas la réglementation en vigueur et pour lesquelles les contrôles de l'État sont défaillants. L'objectif social poursuivi est d'informer sur la violation des règles existantes visant l'intérêt commun. À titre d'exemple, L214 diffusait en 2018 un reportage sur un élevage de visons qui avait reçu la validation des contrôles vétérinaires de l'État. Dans cette vidéo, on pouvait cependant constater que l'élevage se trouvait en claire violation de la réglementation : état d'insalubrité extrême, stocks d'antibiotiques posés à même

1. L214, vidéo.

le sol, médicaments périmés depuis plusieurs années[1]. L'abattoir d'Alès dont nous avons parlé dans le chapitre 2 illustre également cette situation. Dans cet abattoir, l'association dénonçait, preuves à l'appui, de multiples infractions à la législation en vigueur. A la suite de la publication de cette vidéo, l'enquête a donné raison à L214 en relevant d'innombrables infractions. Plus récemment encore, l'abattoir Sobeval a constitué un autre exemple des violations à la réglementation dans les abattoirs[2].

Au délà de dénoncer les violations à la réglementation, les bénévoles des associations de défense des animaux cherchent à exposer des pratiques aujourd'hui légales mais qui seraient largement rejetées par l'opinion publique si elles étaient connues. Le deuxième objectif social consiste ainsi à informer la population de réglementations peu connues et en nette opposition aux attentes des citoyens.

La récente diffusion d'images d'un élevage de truies en 2019 en est un exemple. Dans cette vidéo, on observe des truies enfermées dans des cages si étroites qu'elles finissent par se manger vivantes les unes les autres[3]. Les pratiques d'élevage dénoncées respectent certes la réglementation en vigueur en matière d'espace disponible pour les animaux mais sont

1. *Capital*, « L214 : l'enquête qui accable lourdement les services vétérinaires ! », 9 mai 2018.

2. *Le Parisien*, « Abattoir Sobeval : quand L214 reçoit par erreur des mails embarrassants du ministère de l'Agriculture », 26 février 2020.

3. Vidéo L214, « 95 % des cochons sont élevés en système intensif ».

choquantes pour l'opinion publique. Répétons-le : alors que 88 % des Français se déclarent contre les élevages intensifs[1], 95 % des porcs y sont enfermés. Les lois étant sujettes à évolution en fonction des choix de la population, les associations de défense des animaux espèrent que la dénonciation de ces pratiques permettra de faire changer la réglementation. La reconnaissance du travail de ces associations sera fructueux *a posteriori*. Quand la législation évolue pour interdire une pratique jusqu'alors légale mais dénoncée depuis longtemps par des associations, le travail des associations est reconnu par l'opinion publique : elles avaient raison de dénoncer ces pratiques désormais illégales. En France, le gouvernement annonçait fin 2019 un plan de mesures en faveur du bien-être animal qui venait justement légitimer les actions des associations en annonçant l'interdiction de la castration à vifs des porcelets[2] et l'interdiction du broyage des poussins mâles[3].

L'effectivité des vidéos sur la prise de conscience

Ces vidéos tournées dans les abattoirs et les élevages ont eu ces dernières années un effet considérable sur l'opinion publique. Si le phénomène est difficile à quantifier, de nombreux témoignages relatent des prises de conscience et des changements dans les

1. Étude YouGov pour L214, « Étude Élevage intensif », juin 2019.
2. *L'Express*, « La castration sans anesthésie et le "claquage" des porcelets bientôt interdits », 30 octobre 2019.
3. *Le Monde*, « Le "broyage des poussins" devrait être interdit en France à la fin de 2021 », 30 octobre 2019.

habitudes à la suite du visionnage[1]. Si ces images apparaissent si efficaces, c'est avant tout parce qu'elles réduisent la distance entre le consommateur et les animaux. Elles luttent en cela contre le déni de la souffrance animale dans nos sociétés, qui a conduit à éloigner de l'espace public les abattoirs et les élevages intensifs.

L'efficacité des vidéos embarquées à faire évoluer les consciences tient à trois raisons : elles diminuent l'ignorance sincère, elles réduisent les possibilités de dissonance cognitive et elles mobilisent l'empathie émotionnelle. Tout d'abord, l'ignorance sincère et la dissonance cognitive se nourrissent de la mise à l'écart de la réalité de l'exploitation animale. Dans un monde où il est impossible de prendre connaissance par soi-même des conditions d'élevage et de mise à mort des animaux, les consommateurs n'ont d'autre choix que de se fier aux informations véhiculées par les industriels, les services de l'État et les associations de défense des animaux. Parce que chacune de ces parties défend des intérêts différents (intérêts financiers pour la filière, intérêts électoralistes pour le gouvernement, intérêts éthiques pour les associations), il est difficile de croire les propos tenus par les uns ou par les autres. C'est en ce sens que les vidéos embarquées sont les plus efficaces. Parce qu'elles donnent un accès direct à l'information, elles constituent le meilleur moyen de lutter contre l'ignorance. Cette

1. *Les Inrocks*, « "Je suis végétarien depuis une vidéo de L214" : pourquoi ces images sont-elles si efficaces ? », 21 juin 2019.

information n'est d'ailleurs pas à interpréter par l'une ou l'autre des parties. Face à ces films, il n'est pas possible de dire que les associations exagèrent : la réalité est là, brute. Bien sûr, il est toujours envisageable d'estimer que ces vidéos ne sont pas représentatives de l'ensemble de la filière, mais elles montrent au moins que certaines pratiques existent. Ces vidéos luttent efficacement contre la dissonance cognitive car il devient impossible de dire que ces pratiques n'existent pas.

Enfin, les vidéos embarquées activent l'empathie émotionnelle vis-à-vis des animaux : les consommateurs mettent des images sur une situation abstraite. La souffrance des animaux peut aisément se lire dans leurs comportements et dans les situations présentées : nul besoin d'appartenir à la même espèce pour saisir la douleur de porcelets castrés à vif ou de truies dévorées vives.

Définition juridique des lanceurs d'alerte

Une question aujourd'hui discutée est de savoir si les militants qui diffusent les vidéos dans les élevages intensifs ou les abattoirs entrent dans la catégorie des lanceurs d'alerte. En 2015, l'Organisation des Nations Unies a défini les lanceurs d'alerte comme suit :

> Une personne qui dévoile des informations qu'elle a des motifs raisonnables de croire véridiques au moment où elle procède à leur divulgation et qui portent sur des faits dont elle juge qu'ils constituent une menace ou un préjudice pour l'intérêt général, tels qu'une violation du droit interne ou international, un abus d'autorité, un gaspillage,

> une fraude ou une atteinte à l'environnement, la santé publique ou la sécurité publique[1].

La définition en droit français des lanceurs d'alerte s'est inspirée de la définition proposée par l'ONU. La loi Sapin II, qui en établit le cadre légal en France, impose trois conditions pour bénéficier du statut de lanceur d'alerte : agir de manière désintéressée (ne pas être payé, ne pas agir par vengeance ou par profit personnel), être de bonne foi (détenir des éléments indiquant raisonnablement que les faits sont vrais au moment de la diffusion de l'alerte), et avoir eu personnellement connaissance des faits (accès direct à l'information)[2]. En outre, les signalements doivent concerner un crime ou délit, la violation d'un engagement international, une violation de la loi ou d'un règlement, ou une menace ou un préjudice pour l'intérêt général. Enfin, la loi prévoit que l'alerte doit tout d'abord être donnée auprès de la hiérarchie compétente au sein de l'entreprise ou de l'administration, puis auprès des autorités judiciaires, ou encore, si les deux premiers niveaux n'ont pas donné suite, auprès du public. Si l'infraction est suffisamment grave, elle peut être directement portée à la connaissance du public.

Les vidéos des associations de défense des animaux répondent manifestement à ces critères. Puisqu'elles agissent pour le bien-être des animaux, elles sont

1. Nation unies : « Promotion et protection du droit à la liberté d'opinion et d'expression », 8 septembre 2015.

2. *Guide pratique à l'usage du lanceur d'alerte*, Transparency International France, 2017.

désintéressées. Les vidéos sont filmées directement dans les élevages ou les abattoirs : les associations agissent donc de bonne foi et après avoir eu un accès direct à l'information. Elles dénoncent également des atteintes à l'intérêt général, à savoir celui du bien-être animal, qui fait partie du bien-être social. Enfin, les associations diffusent les images directement auprès du public. Cela s'explique par le fait que les pratiques dénoncées sont manifestement connues des entreprises qui les pratiquent ainsi que des services de l'État, dont on a vu à plusieurs reprises les services vétérinaires certifier des élevages et abattoirs pourtant manifestement non conformes.

La protection des lanceurs d'alerte

La théorie économique fournit de précieux outils pour déterminer les signalements qui devraient donner lieu à un statut de lanceur d'alerte et donc à des protections particulières. Nous avons vu que l'économie normative oriente les politiques publiques vers les situations les plus souhaitables du point de vue du bien-être social. L'économie définit deux types de comportements par rapport à ce bien-être social : les actions qui augmentent le bien-être social (appelées *welfare-increasing*) et les actions qui diminuent ce bien-être social (*welfare-decreasing*). Une action diminue le bien-être social si les bénéfices de cette action sont inférieurs aux coûts qu'elle engendre. Nous avons également vu que l'exploitation animale, pour grande partie, entre dans cette catégorie : les bénéfices privés sont inférieurs aux coûts sociaux que l'exploitation génère. La question est alors de savoir si le lancement d'alertes augmente ou diminue le bien-être social.

L'économie du droit considère de manière générale que le système légal doit viser à décourager les actions qui diminuent le bien-être social et à favoriser les comportements l'améliorant. Pour décider si les lanceurs d'alerte en matière de protection animale devraient bénéficier d'un régime juridique de protection leur accordant l'immunité, il est nécessaire de répondre aux trois questions : l'action dénoncée par l'alerte diminue-t-elle le bien-être social ? les actes nécessaires au lancement d'alerte diminuent-ils le bien-être social ? le coût social engendré par les actes nécessaires au lancement d'alerte est-il inférieur au coût social engendré par l'action dénoncée ? Si l'on est amené à répondre par la négative à l'une de ces trois questions, alors la théorie économique ne préconise pas de protection particulière pour l'individu à l'origine du signalement.

Premièrement, seules les dénonciations d'actions qui diminuent le bien-être social devraient bénéficier de protections spécifiques : il serait contreproductif de protéger le signalement d'actions vertueuses. Cependant, de nombreuses actions d'exploitation d'animaux peuvent être considérées comme néfastes pour le bien-être social, et avant tout les méthodes de production dans les élevages intensifs dénoncées dans les vidéos de L214.

La deuxième condition suppose que les actions nécessaires au lancement des alertes diminuent également le bien-être social. En effet, si ce n'était pas le cas, il n'y aurait pas besoin de protection particulière pour les lanceurs d'alertes : ces actions seraient naturellement encouragées par la société. Cependant, l'intrusion sur des propriétés privées n'est pas une action à encourager en toute circonstance.

La troisième condition pose quant à elle la question de la comparaison : le signalement génère-t-il plus de bien que de mal ? Dans l'éventualité où le dommage généré par l'action dénoncée serait plus important que le dommage généré par le lancement d'alerte, alors la société devrait favoriser le lancement d'alerte. Pour ce faire, elle se doit de créer des mécanismes incitatifs pour les lanceurs d'alerte afin qu'ils dénoncent le plus souvent possible les mauvais agissements.

En matière de protection animale, l'objectif est de savoir si l'intrusion dans les exploitations, nécessaire pour filmer les conditions de vie des animaux, génère plus ou moins de coûts sociaux que les mauvais traitements infligés aux animaux dans les exploitations. La réponse à cette question dépend grandement de la manière de voir la fonction de bien-être social, étant donné notre niveau d'altruisme.

S'agissant de l'élevage intensif dénoncé dans ces vidéos, il est manifeste que les coûts associés à l'exploitation animale pour la société dépassent largement les bénéfices. L'avantage économique de l'exploitation intensive est dans la production de nourritures d'origine animale à bas coût. Mais cet avantage est largement compensé par les effets négatifs qui y sont associés : sa production contribue en effet fortement au changement climatique, à la pollution des eaux et des sols, au développement de cancers, de diabète et de maladies cardiovasculaires, tout ceci en sus du lourd impact sur les animaux.

Outre les fortes externalités sur les questions environnementales et sanitaires de l'élevage intensif, le bien-être animal peut-il à lui seul justifier le statut de lanceur d'alerte ? Doit-on considérer par exemple comme lanceur d'alerte le bénévole d'une association de protection des animaux qui filme un ours maltraité dans un cirque ? Ou bien même des animaux exploités dans le cadre de l'expérimentation animale ? C'est le cœur du débat. Les tenants de l'exploitation animale considèrent les animaux comme des objets, dont le bien-être est exclu du bien-être social. Dans leur schéma mental, ils ne comprennent pas pourquoi leurs actions diminueraient le bien-être social et souhaitent voir les lanceurs d'alerte condamnés. Les défenseurs des animaux considèrent quant à eux que les animaux sont des êtres sensibles, capables de ressentir la douleur et qu'à ce titre, les lanceurs d'alerte devraient être protégés.

Les travaux scientifiques sur la sensibilité ont établi que les animaux ressentent la douleur, ce qui renforce l'idée que ceux qui dénoncent, preuves à l'appui, les infractions commises dans les élevages, devraient bénéficier du statut de lanceurs d'alertes. L'opinion publique semble également toujours plus acquise à la cause animale. La meilleure justification d'un statut spécifique aux lanceurs d'alerte est peut-être l'action gouvernementale elle-même. Nous l'avons dit, le gouvernement annonçait fin 2019 de futures mesures visant à interdire les pratiques cruelles contre les animaux que les associations de défense dénonçaient au travers de leurs vidéos depuis plusieurs années. En procédant ainsi, le gouvernement reconnaît indirectement la contribution sociale des lanceurs d'alertes comme L214. Plus récemment, la ministre de l'Environnement Barbara Pompili annonçait également la volonté du gouvernement d'interdire l'exploitation des animaux sauvages dans les cirques[1]. Cette décision résultait également de plusieurs années de campagne d'investigation d'associations animalistes telles que One Voice ou Paris Animaux Zoopolis.

Le vote animaliste

Après avoir œuvré pendant de longues décennies à alerter sur la condition des animaux dans nos pays occidentaux, de nombreux militants animalistes n'ont pu que constater le manque de réaction du monde politique. En témoigne la plateforme internet Politique et Animaux, qui rend compte des positions politiques sur les questions de bien-être animal et attribue aux élus politiques français une note d'engagement en faveur des animaux. Les prises de position recensées sur la plateforme dressent un constat sans appel de la faible considération pour les animaux qu'ont les partis politiques qui sont ou ont récemment été au pouvoir. En mars 2020, la République en Marche et le Parti Socialiste obtenaient ainsi tous deux une note de 7 sur 20 et Les Républicains étaient notés 6 sur 20. L'actuel président de la République, Emmanuel Macron, obtenait quant à lui une note de 2,6 sur 20. Ce piètre résultat s'explique par ses actions en défaveur du bien-être des animaux (par exemple, le soutien à la coupe des queues des porcelets, ou caudectomie, le refus de

1. Discours du 29 septembre 2020.

promulguer le décret d'application de la disposition sur les menus végétariens de la loi Egalim ou encore le soutien à la chasse à la glu[1]).

Si les associations de défense des animaux ont réussi à sensibiliser une large partie de la population à la question animale, elles se heurtent cependant à l'indifférence des plus hauts responsables politiques et l'ensemble des partis au pouvoir. Les militants animalistes se retrouvent face à un paradoxe : il existe sur de nombreux sujets un très grand consensus social, mais ces mesures peinent à trouver une concrétisation politique. Ainsi, alors que 87 % des Français se prononcent pour l'obligation de garantir aux animaux la possibilité d'un accès quotidien au plein air[2], la majorité politique LREM refusait la proposition de loi de Cédric Villani à l'automne 2020 d'interdire la construction de nouveaux élevages sans accès au plein air. Alors que 89 % des Français soutiennent l'idée de manger moins de viande[3], le gouvernement s'opposait en 2019 à un amendement introduisant un repas végétarien hebdomadaire dans les cantines scolaires[4]. Autre exemple : alors que 75 % des Français souhaitent l'abolition de la corrida en France[5], le ministre de l'Agri-

1. Cette pratique consiste à mettre de la glu sur des arbres pour piéger les oiseaux qui viennent s'y poser.

2. RTL, « 73 % des Français sont pour l'interdiction de l'élevage en cage, selon un sondage », 27 juillet 2020.

3. Enquête Ipsos pour Interbev, novembre 2017 : « Tous omnivores ! ».

4. *Huffington Post*, « Un menu végétarien dans les cantines scolaires approuvé par l'Assemblée, contre l'avis du gouvernement », AFP, 14 septembre 2018.

5. *Fondation 30 Millions d'amis*, « Baromètre 2020 : les 11 sources de souffrance animale que les Français veulent interdire », 27 janvier 2020.

culture, en charge du bien-être animal, assistait encore durant l'été 2019 à ces mises à mort[1]. Face à ce fossé grandissant entre les préférences des électeurs et les décisions politiques, des militants ont décidé de transformer la question animale en un enjeu politique dans plusieurs pays européens en créant des partis entièrement consacrés à la cause animale. C'est le cas aux Pays-Bas en 2002 (Partij voor de Dieren), en Espagne en 2003 (Partido Animalista Contra el Maltrato Animal), au Portugal en 2009 (Pessoas-Animais-Natureza) ou en France (Parti Animaliste) en 2016.

Pour comprendre le fossé qui sépare ce que souhaite la population et ce que fait le gouvernement en matière de protection animale, on distingue deux types de travaux de recherche en économie politique : ceux qui portent sur ce que *devraient* faire les élus politiques s'ils se souciaient uniquement du bien-être social (théorie du *social choice*), et ceux consacrés à ce que *font réellement* les élus politiques en raison de leur souci pour la collectivité et leurs intérêts égoïstes (théorie du *public choice*). Longtemps, la science économique s'est contentée de chercher ce que devraient faire les élus politiques, pensant naïvement que les décideurs publics chercheraient ensuite à mettre en place ce qu'il y a de mieux pour la collectivité[2]. Les travaux d'Anthony Downs ont constitué à cet égard une véritable rupture (1957).

1. France Bleu, « Polémique sur la corrida : le ministre de l'Agriculture Didier Guillaume "regrette que ça ait pu choquer" mais assume », 19 août 2019.

2. Downs (1957) : « However, it does not unduly distort reality to state that most welfare economists and many public finance

L'économiste affirme en effet qu'il est loin d'être acquis que les responsables politiques cherchent à agir pour le bien commun. Si les économistes ont souvent modélisé les agents économiques comme des individus avant tout motivés par des considérations égoïstes, pourquoi n'en serait-il pas de même pour nos élus ?

> Même si le bien-être social pouvait être défini et qu'on pouvait se mettre d'accord sur la manière de l'améliorer, quelle raison aurait-on de croire que les hommes qui dirigent le gouvernement chercheraient à le faire ? Déclarer qu'ils « devraient » le faire ne signifie pas qu'ils le feront. (Anthony Downs, 1957, je traduis)

Downs a été l'instigateur d'un réel changement de paradigme en science économique et les économistes de la théorie du choix public ont depuis lors longuement travaillé sur la prise de décision par les responsables politiques. Ainsi, si les chercheurs font des recommandations pour que l'État agisse dans l'intérêt de la société (pour améliorer le bien-être social), les élus prennent des décisions en fonction de leurs intérêts propres, qui peuvent dévier du bien commun. Les modèles contemporains d'économie politique prennent bien entendu en compte le potentiel conflit entre intérêts collectifs et intérêts égoïstes, en partie électoralistes, chez les décideurs publics[1]. Parce que les intérêts électoralistes ne coïncident pas nécessairement avec ceux de la société, les responsables politiques peuvent prendre des décisions

---

theorists implicitly assume that the "proper" function of government is to maximize social welfare. »

1. Par exemple Acemoglu, Egorov et Sonin (2013).

contraires au bien-être social (par exemple, stigmatiser certaines minorités, promettre trop de dépenses ou au contraire trop de rigueur budgétaire).

L'apport de l'économie politique développée par Anthony Downs et les chercheurs de cette tendance est d'avoir analysé la question politique comme un marché économique. Dans un marché classique, les entreprises cherchent à adapter leur offre à la demande des consommateurs afin de maximiser leurs profits. De la même manière, les responsables politiques cherchent à maximiser leurs chances de réélection en considérant les attentes politiques de la population. L'idée n'est pas ici de maximiser le bien-être social, mais les chances d'être (ré)élu.

L'économie du choix public permet par là d'apporter un nouvel éclairage sur le fossé entre les aspirations sociales et les décisions des dirigeants politiques en matière de bien-être animal. En considérant que les partis au pouvoir sont principalement motivés par leur réélection, nous pouvons avancer plusieurs raisons expliquant le manque d'actions en faveur des animaux.

La première raison, la plus évidente, est qu'un élu politique ne se soucie, de fait, que de ce qui concerne ses électeurs. Les animaux n'ayant pas de représentation politique directe, les élus n'ont ainsi pas d'intérêts immédiats à améliorer leurs conditions d'existence. Les récentes avancées ont cherché à améliorer la condition des animaux qui peuvent rapporter des voix, à savoir ceux avec lesquels nous entretenons des relations affectives (espèces domestiques) ou auxquels nous sommes particulièrement sensibles (espèces en voie de disparition).

La deuxième raison est que les groupements d'intérêts privés en faveur de l'exploitation animale sont très structurés en France et qu'ils exercent une forte pression électorale. Ainsi, alors que le Parti Animaliste a vu le jour en 2016, le parti Chasse, Pêche, Nature et Traditions (CPNT) a été créé dès 1989. Avec un million de chasseurs en France[1], les élus politiques de tout bord ont cherché à courtiser cet électorat rural. Jacques Chirac, Nicolas Sarkozy, François Hollande et Emmanuel Macron ont tous cherché conseil sur la ruralité auprès de Thierry Coste, lobbyiste de la chasse[2]. Ces groupements d'intérêts privés structurés permettent d'identifier clairement un réservoir électoral et de faire ressortir l'enjeu que constitue la défense de ces intérêts pour les prochaines élections. Nous pouvons effectivement comparer la compétition électorale à la compétition économique : si un segment du marché est clairement identifiable et représente une source de profits suffisamment importante, alors les entreprises développent une gamme de produits pour ce segment du marché et entrent en compétition pour séduire ces consommateurs. De la même manière, la très bonne organisation politique des chasseurs en France leur a permis d'être courtisés par les partis au pouvoir et de maintenir leurs privilèges.

La troisième raison est que les externalités négatives liées à l'exploitation animale sont beaucoup plus

1. *Le Monde*, « Sur 1,1 million de chasseurs, moins de 10 % possèdent un permis national », 18 octobre 2018.

2. France Info, « Lobbyiste de la chasse en France, conseiller officieux d'Emmanuel Macron… Qui est Thierry Coste ? », 19 février 2018.

difficiles à appréhender pour la population que ses bénéfices immédiats. Considérons la chasse et la consommation de viande. Les bénéfices électoralistes associés à la chasse sont évidents : diminuer le prix du permis de chasse, comme l'a fait Emmanuel Macron, apporte un bénéfice électoral immédiat. En revanche, les impacts négatifs se feront sentir sur le long terme, quand il ne se souciera plus d'être réélu. Les 8 000 tonnes de plomb déversées dans la nature chaque année par les chasseurs[1] génèrent des dommages environnementaux à long terme (saturnisme, pollution des nappes phréatiques). Ces risques sanitaires et environnementaux apparaissent moins importants que le gain électoral immédiat. Pour la consommation de viande, il existe une large littérature scientifique sur les risques accrus de cancers causés par la viande rouge, surtout transformée[2]. Or de nombreux emplois en France sont directement ou indirectement liés à la production de viande rouge. Diminuer la consommation de viande rouge en France aurait sûrement d'importants bénéfices pour la santé des Français mais cette baisse de la mortalité se concrétiserait à long terme et de manière relativement diffuse[3]. Néanmoins, les coûts pour les responsables politiques seraient avant tout ressentis à court terme (perte d'un soutien électoral, période de transition économique).

1. *Libération*, « Chasse : le plomb, un poison pour l'homme et l'environnement », 14 février 2019.

2. OMS, « Cancérogénicité de la consommation de viande rouge et de viande transformée ».

3. Par diffus, j'entends ici qu'il n'est pas possible d'attribuer un cancer directement à la consommation de viande rouge. Cette dernière augmente la probabilité d'un cancer.

Une quatrième raison que nous pouvons avancer est peut-être la plus triviale : les élus politiques sont des femmes et des hommes « comme tout le monde ». À ce titre, ils sont soumis à certains des biais et limitations que nous avons mis en évidence. Ils peuvent être victimes de dissonance cognitive et chercher à éviter de regarder la vérité en face (surtout si elle déplaît à leur électorat). Ils peuvent faire de petites avancées (sur les animaux de compagnie, par exemple) et développer une licence morale sur les autres sujets (comme les animaux dans les élevages). Ainsi, l'ancien ministre de l'Agriculture Didier Guillaume se perçoit peut-être comme un ami des animaux quand il va assister à des corridas parce qu'en même temps, il souhaite interdire le broyage des poussins. Ces responsables politiques peuvent également avoir une aversion aux pertes et surpondérer le coût des mesures en faveur du bien-être des animaux par rapport aux bénéfices attendus. Ils évoluent en outre dans un milieu social qui remet peut-être peu ou pas en cause l'exploitation animale. Puisque le pouvoir semble couper de nombreux élus du reste de la société, leurs points de vue sont peut-être plus rarement contredits, ce qui les enferme dans leurs croyances préexistantes.

Si cette liste d'explications n'est pas exhaustive, elle met en lumière certains freins aux concrétisations politiques des aspirations des Français en matière de bien-être animal. Elles permettent également d'expliquer l'importance de *politiser* la question animale comme l'a été la question environnementale. La politisation de la question animale ne revient pas nécessairement à la faire entrer dans une opposition politique droite/gauche ou centre/extrêmes, mais de la rendre suffisamment importante pour qu'elle devienne un enjeu électoral. Aussi longtemps qu'une question politique reste un enjeu électoral de second ordre, à savoir qu'elle n'est pas un déterminant significatif du vote d'un nombre important de citoyens, il y a de grandes chances qu'elle soit mise à l'écart.

La politisation de la question animale présente deux défis. Le premier est de rendre la question animale suffisamment stratégique pour qu'elle se constitue en un enjeu électoral de premier plan. Aussi longtemps que le bien-être animal demeurera une question importante mais non déterminante du choix politique, les Français risquent de ne pas trouver de concrétisation politique à leurs demandes. Dans la compétition électorale, les partis peuvent avoir intérêt à s'opposer sur certains sujets (la redistribution des richesses ou de la sécurité, comme cela a été historiquement le cas), mais seulement si cette *différentiation* leur permet de récolter davantage de voix qu'elle ne leur en fait perdre. Si un parti anticipe qu'un positionnement en faveur du bien-être animal risque de lui coûter plus de voix qu'il ne lui en apportera, il n'aura pas intérêt sans doute à se démarquer sur ce sujet. Autrement dit, si toutes les personnes soucieuses du bien-être animal fondent leur choix politique en priorité sur des questions de redistribution des richesses, de sécurité, de laïcité ou de politique extérieure, tandis que les chasseurs se focalisent principalement sur la question de la chasse, alors les partis n'auront pas intérêt à agir pour protéger davantage les animaux sauvages : ils se couperaient de l'électorat des chasseurs (qui fondent prioritairement leur décision de vote sur la défense de leurs privilèges) et ne gagneraient pas d'électeurs soucieux du bien-être des animaux (dont le vote dépend d'autres facteurs).

Le deuxième défi est le risque d'une politisation sur un axe d'opposition classique (droite/gauche ou centre/extrêmes). En supposant que la question animale devienne un enjeu électoral suffisamment stratégique, le risque est grand de sa captation, à court et moyen termes du moins, par certains partis de l'échiquier politique actuel. Ce risque a été étudié en économie politique sous le terme de *paniers de politiques* (*policy bundles*). Le problème que pose la prise en compte de la question animale par certains partis seulement est qu'elle devient captive du reste de la plateforme électorale du parti : les individus qui sont opposés au reste du programme mais en accord sur la question animale risquent de voter pour les autres partis en raison de leur aversion pour les autres aspects du programme.

Woojin Lee et John Roemer (2006) illustrent cet effet (*policy bundle effect*) aux États-Unis avec la question de la redistribution des richesses. Les auteurs analysent la situation électorale outre-Atlantique entre 1976 et 1992 et observent que durant cette période, Républicains et Démocrates s'opposaient sur deux enjeux principaux : le racisme et la redistribution. Une part importante d'électeurs aurait certes souhaité davantage de redistribution (et aurait donc soutenu la position démocrate), mais elle a préféré voter pour le parti républicain en accordant une importance cruciale à la vision ethnique défendue par les Républicains. Les auteurs estiment ainsi que le fait que le racisme soit lié électoralement à moins de redistribution, a conduit à un taux d'imposition significativement plus faible qu'il ne l'aurait été si les décisions n'avaient pas été liées. De la même manière, subordonner la question animale à d'autres considérations politiques pourrait empêcher certains électeurs soucieux du bien-être des animaux de voter pour les plateformes électorales les plus engagées sur ce sujet.

La création de partis animalistes permet de répondre à plusieurs des défis et enjeux identifiés précédemment. Tout d'abord, nous l'avons vu pour les chasseurs, un parti structure les forces et exerce une pression électorale. L'un des possibles obstacles à la structuration d'un électorat est que les aspirations animalistes sont par essence altruistes, là où les intérêts portés par les partis de chasseurs sont, de fait, égoïstes. Si les motivations égoïstes sont plus fortes que les motivations altruistes, il est probable qu'il soit plus facile de mobiliser un groupe social quand il s'agit de défendre ses propres intérêts que lorsqu'il s'agit de défendre des considérations altruistes. En outre, les individus altruistes peuvent hésiter entre plusieurs causes altruistes, ce qui engendre une dispersion plus importante de leurs votes.

À court terme cependant, les premiers résultats du Parti Animaliste en France montrent qu'un socle assez important d'électeurs (environ 2 % des votants aux élections européennes de 2019) accepte cette nouvelle dynamique. Ces résultats permettront sûrement de pousser les autres candidats à se positionner à l'égard des thématiques animalistes. Pendant les débats télévisés des campagnes, les candidats seront contraints de s'exprimer sur les propositions du Parti Animaliste, rendant le positionnement des partis plus clairs sur cet enjeu apportant une meilleure information aux électeurs. De surcroît, les résultats de ce parti permettront de quantifier le poids électoral des individus qui considèrent que la condition animale est le facteur déterminant de leur vote. Si le nombre de voix attribués au Parti Animaliste est suffisamment élevé, les partis traditionnels verront un intérêt électoral à se positionner sur la question animale pour attirer ces électeurs altruistes.

Le vote animaliste permet de lever plusieurs freins à la diminution de l'exploitation animale. Tout d'abord, la présence d'un parti animaliste lors des débats et des élections permettra d'informer de nombreux électeurs des conditions actuelles d'exploitation des animaux. Cela permettra donc de diminuer en partie *l'ignorance sincère*. Deuxièmement, le parti animaliste proposera des changements de réglementation ou des politiques publiques affectant tout le pays, qui résoudraient le problème du *bien public* puisque ce serait toute la société qui s'engagerait pour le bien-être animal (et il ne sera plus possible de se comporter en passager clandestin). Troisièmement, le vote est une décision réfléchie, qui fait appel au *système 2* et mobilise donc davantage de rationalité que les décisions quotidiennes : les individus seront tentés de défendre les animaux par cette décision réfléchie plutôt que dans une décision impulsive d'achat au supermarché. Quatrièmement, le vote est également une décision *expressive*, au sens où il permet à un individu d'exprimer ses valeurs. La probabilité que mon unique vote change le résultat des élections est très faible : par exemple, voter pour la fin de la production des œufs de poules élevées en cage me coûte relativement peu car mon vote a peu de chance d'influer sur le résultat. Mais voter contre une mesure en faveur des animaux génère un coût moral important car je ne me considère pas comme quelqu'un qui n'agit pas pour les animaux quand il en a l'occasion. Les individus ont ainsi une forte utilité de *warm-glow* associée au vote : c'est l'occasion pour eux de se voir comme un ami des animaux à faible coût. Le vote animaliste permet ainsi de retourner l'altruisme impur au profit de la cause animale. Enfin, la présence d'un parti animaliste aux élections fera prendre conscience au reste de la population que c'est un enjeu majeur pour un grand nombre de concitoyens. Cela pourra influencer les vues des citoyens par *apprentissage social*, et modifier leurs comportements et croyances en faisant évoluer les *normes sociales*.

2. LES SOLUTIONS À L'INITIATIVE DE L'ÉTAT

Quand une action génère plus de coûts qu'elle n'engendre de bénéfices pour la société, l'intervention de l'État peut être profitable. En taxant certains produits ou en sanctionnant les comportements qui diminuent le bien-être social, l'État modifie les *incitations privées* des agents et peut faire en sorte que l'exploitation animale, quand elle diminue le bien-être social, ne soit plus rentable pour les exploitants.

Parmi les outils dont dispose l'État, changer la réglementation en vigueur pour proscrire les activités les plus dommageables serait sûrement la méthode la plus directe. Interdire les élevages intensifs, la chasse à courre ou encore la corrida serait le moyen le plus efficace d'agir pour les animaux. Et pourtant, les responsables politiques français ne sont pas prêts à condamner ces pratiques, en partie pour des considérations électoralistes. À défaut de politiques ambitieuses sur le sujet, il reste possible d'envisager des mesures plus modestes et moins interventionnistes qu'un changement de réglementation. Nous abordons ici les deux interventions classiques que sont la taxation et les subventions. Nous discuterons ensuite les politiques de *nudges*, particulièrement prisées des économistes comportementalistes, avant d'analyser le rôle de l'État dans la diffusion d'information sur les conséquences de l'exploitation animale.

Taxation

La théorie économique explique qu'un problème majeur de l'exploitation animale est qu'elle produit des externalités négatives qui ne sont pas supportées par le producteur. Par exemple, la consommation de viande est néfaste pour l'environnement, le système de santé et le bien-être des animaux. Ces externalités qui ne sont pas supportées par le producteur entraînent une défaillance de marché : le producteur est incité à exploiter davantage les animaux que ce qu'il serait socialement désirable.

La taxation est un outil traditionnel des politiques économiques visant à réconcilier les intérêts privés avec ceux de la société[1]. L'objectif de la taxe dite « pigouvienne » est de taxer les actions génératrices d'externalités négatives afin que le producteur intègre dans son calcul économique les dommages que sa production génère pour la société. L'intuition est la suivante. Considérons la question de l'impact environnemental de la consommation de bœuf. À l'heure actuelle, le prix du bœuf ne prend pas en compte les émissions de gaz à effet de serre résultant de sa production. Les chiffres de l'Agence de la transition écologique (Ademe) indiquent cependant qu'un kilogramme de viande de bœuf produit en France génère en moyenne l'équivalent de 15 kg de CO_2 dans l'atmosphère. Les dernières estimations de France Stratégie rapportent, quant à elles, que l'impact environnemental d'un kilogramme de CO_2 émis dans l'atmosphère se chiffre à 0,25 euro par kg[2]. La taxe pigouvienne vise à taxer la production de viande de bœuf pour prendre en compte l'effet de ses émissions de gaz à effet de serre dans l'atmosphère. Ainsi, pour calculer le vrai coût social du kilo de viande de bœuf, il faudrait ajouter au prix de base

1. Pigou (1920) ; Atkinson et Stern (1974).
2. Quinet *et alii* (2019).

l'impact carbone, soit 3,75 euros par kilogramme de bœuf. En d'autres termes, en supposant que le prix d'un kilo de bœuf est de 15 euros en France, le prix devrait augmenter de 25 % pour prendre en compte l'empreinte carbone.

Le changement de prix induit par la taxe pigouvienne permet de diminuer la production/consommation d'un bien. En effet, si le producteur répercute entièrement la taxe sur le prix, alors le consommateur devra payer un produit 25 % plus cher. Face à ces prix plus élevés, une partie des consommateurs préfèrera acheter d'autres produits, ce qui diminuera la demande (et la production) de viande bovine. Le prix reflètera le coût privé de production (coût pour nourrir l'animal, les coûts vétérinaires associés, le coût de l'abattage, etc.) ainsi que le coût « social » de l'empreinte carbone[1]. De la sorte, alors que c'est aujourd'hui la société tout entière qui supporte le coût environnemental des 3,75 euros par kilo de bœuf vendu, la taxe pigouvienne permet que ce soient les consommateurs qui en assument la charge. Cette méthode a déjà été utilisée dans de précédents travaux pour calculer le coût carbone de la consommation de bœuf[2] ainsi que, plus récemment, le coût sur la santé de la consommation de viande rouge[3].

1. Il reflètera également le pouvoir de marché du producteur. Dans un cadre de concurrence pure et parfaite, les producteurs n'ont pas d'impact sur les prix, ce qui réduit le prix à la somme du coût marginal privé et du coût marginal social.

2. Subak (1999).

3. Springmann, Mason-D'Croz, Robinson, Wiebe, Godfray, Rayner et Scarborough (2018).

Idéalement, les politiques publiques devraient appliquer le principe de la taxation pigouvienne à l'exploitation animale et par là intégrer son coût *social* dans le calcul économique de l'éleveur. Le problème principal d'une telle entreprise réside dans notre incapacité à mesurer l'effet de l'exploitation sur le bien-être des animaux. Comment mettre un prix sur la désutilité d'une poule à vivre en cage toute sa vie ? Comment évaluer monétairement la souffrance d'une truie qui sera immobilisée la plus grande partie de sa vie ? Tenter de mettre en perspective nos intérêts humains, exprimés habituellement en valeur monétaire, et les intérêts des animaux, c'est sûrement là l'un des plus grands défis auxquels les économistes du bien-être animal font face à l'heure actuelle.

S'il nous est impossible de quantifier en termes économiques la souffrance des animaux, cela n'exclut pas de renoncer à toute forme de taxation. Une autre possibilité, certes moins zoocentrée, serait de considérer les dommages que l'exploitation animale cause *aux êtres humains*. Nous avons montré ce que seraient prêts à payer les citoyens pour améliorer le bien-être des animaux. Nous avons présenté la *propension à payer* comme le gain d'utilité que nous aurions à améliorer leur bien-être. Mais nous pouvons également considérer le problème de manière inverse : la propension à payer pour avoir une poule élevée en plein air plutôt qu'en cage pourrait représenter la *perte d'utilité* qu'on a à voir la poule vivre en cage plutôt qu'à l'air libre. En d'autres termes, la *propension à payer* pour améliorer les conditions de vie des animaux pourrait être un indicateur de la désutilité de l'exploitation des animaux pour les êtres humains[1].

À défaut de pouvoir monétiser l'effet négatif de l'exploitation sur le bien-être des animaux, la taxation pourrait ainsi se faire sur ce que les citoyens sont prêts à payer. Nous prendrions en compte le coût indirect (à savoir altruiste) de l'exploitation animale, ce qui serait une première étape.

Considérons par exemple l'élevage de poules pondeuses en cage en France. Imaginons que nous puissions mesurer la propension à payer des Français pour interdire l'élevage de poules pondeuses en cage et qu'un individu représentatif de la population indique être prêt à payer jusqu'à 30 euros par an pour interdire cette pratique. En considérant que c'est équivalent au coût altruiste que supportent les Français par l'existence de cette pratique, le coût total pour la société française serait de 2,01 milliards d'euros[2]. Nous savons que la production d'œufs compte 48,6 millions de poules pondeuses, selon la filière aviaire (CNPO), et que 58 % d'entre elles sont élevées en cage (soit 28,188 millions de poules). Une poule pondant en moyenne 300 œufs par an, taxer la production de poules pondeuses en cage reviendrait à taxer 2,01 milliards d'euros sur

1. On utilise également en économie la propension à accepter (*willingness to accept*). Contrairement à la propension à payer, qui demande combien un individu est prêt à payer au maximum pour obtenir un bien, la propension à accepter correspond au montant minimal qu'un individu est prêt à recevoir pour céder son bien. En raison de l'aversion aux pertes, la propension à accepter est plus forte que la propension à payer.

2. Cela correspond à 30 euros par Français sur une population de 67 millions.

8,456 milliards d'œufs. Si l'on devait taxer les œufs des poules élevées en cage pour intégrer les externalités négatives dans le bien-être animal dans le calcul du producteur, il faudrait ainsi taxer de 1,43 euros la boîte de six œufs de poules pondeuses élevées en cage.

Bien entendu, taxer l'exploitation animale à partir de la propension à payer des citoyens est une solution par défaut et qui présenterait plusieurs défis. Le défi principal concernerait la détermination correcte du coût altruiste de l'exploitation animale. Quand les individus déclarent leur propension à payer, ils sont soumis à plusieurs problèmes, nous l'avons vu. L'*ignorance sincère* pourrait conduire à sous-estimer la propension à payer : si les individus ne comprennent pas les souffrances que génère l'exploitation animale, ils sous-estimeront ce qu'ils seraient prêts à payer pour changer de système. La *dissonance cognitive* pourrait également conduire à ce que les consommateurs de produits issus de l'exploitation animale se mentent à eux-mêmes et sous-estiment l'effet négatif de l'exploitation. De la même manière, le *bien public* et l'isolement de l'*empathie émotionnelle* vont conduire à sous-évaluer la propension à payer. L'*aversion aux pertes* pose également un problème : les individus se déclareront moins prêts à payer dans une situation où les animaux sont déjà exploités, que dans une situation où ils ne seraient pas exploités.

Néanmoins, le recours à la taxation peut être très efficace une fois celle-ci en place. Il résout le problème de l'ignorance sincère : nul besoin d'être informé sur les conditions d'exploitation, car l'information sur la réalité de l'élevage est prise en compte dans le prix. Il résout également le problème de bien public, puisque tout le monde est obligé de contribuer (base universelle des taxes). Plus important encore, la taxation peut résoudre le problème lié aux décisions inconscientes (*système 1-système 2*). Nous mobilisons notre système 2 (système rationnel) quand nous définissons le niveau de la taxe qui va contraindre les choix futurs pris par le système 1 (système automatique) en modifiant les prix. Néanmoins, il est possible que la taxation conduise à renforcer le sentiment de *licence morale :* les consommateurs auront l'impression de s'acquitter du coût moral de l'exploitation en achetant des produits taxés. Par un phénomène de compensation morale, les individus pourraient ainsi paradoxalement recourir davantage à l'exploitation animale quand elle fait l'objet de taxes.

Les travaux en économie sur la taxation liée au bien-être animal sont relativement peu nombreux. On relève cependant deux études qui s'intéressent à la manière d'utiliser les mécanismes de marché pour résoudre le problème de l'élevage. John McInerney (2004) examine de manière très précise les politiques publiques en faveur du bien-être des animaux d'élevage. Il s'y intéresse à la manière d'évaluer le gain d'utilité pour les animaux à transformer des méthodes d'élevage. Il montre qu'on ne peut pas utiliser les comportements agrégés de consommation observés sur les marchés (comme de regarder la proportion d'individus qui achètent du poulet élevé en plein air plutôt qu'en batterie) pour en déduire les préférences de la population sur ces méthodes d'exploitation. Une des raisons avancées est que certains consommateurs seraient prêts à payer *un peu* pour améliorer le bien-être des animaux, mais pas autant que la différence de prix qui est demandée par le marché. Si l'on considère uniquement la proportion de consommateurs qui achètent les produits plus respectueux des animaux, on omet tous ceux qui sont pourtant prêts à payer pour le bien-être animal. Cette limite est certes importante dans l'évaluation de la propension des consommateurs à payer, mais on peut y ajouter celles évoquées plus tôt (bien public, dissonance cognitive, système 1 – système 2, etc.), que l'étude ne traite pas.

Une deuxième piste de réflexion est proposée par Jayson Lusk (2011), qui critique la taxation de la viande parce qu'elle aurait un effet sur la quantité d'animaux tués et non pas sur la *qualité* de vie des animaux exploités. Cet argument est intéressant dans la mesure où il permet de souligner les risques de voir une taxe détournée de ses objectifs. En réalité, tout dépend de la manière dont elle est mise en place. En effet, rien n'empêcherait de mettre en place une taxe sur les conditions d'élevage plutôt que sur la quantité d'animaux tués : on ne taxerait pas les œufs les plus respectueux des poules pondeuses, et on imposerait une taxe croissante sur les œufs de poules élevées dans des conditions plus intensives. Jayson Lusk propose au contraire un marché pour le bien-être animal dans lequel les exploitants auraient des *droits à exploiter*, à l'image des droits à polluer dans un marché du carbone. Dans ce marché, les producteurs les plus respectueux émettraient des *unités de bien-être animal* qu'ils pourraient ensuite vendre aux consommateurs de viande soucieux des animaux, voire aux véganes. En d'autres termes, les individus soucieux du bien-être des animaux paieraient les éleveurs uniquement pour que ceux-ci élèvent les animaux dans de bonnes conditions. Selon Jayson Lusk, puisqu'ils sont sensibles aux bien-être des animaux, ces deux types d'individus seraient prêts à acheter ces droits pour améliorer la qualité de bien-être dans les élevages, ce qui créerait des incitations pour les éleveurs.

La mise en place d'un tel marché se confronte néanmoins à plusieurs critiques importantes[1]. Un tel marché des droits fonctionnerait sur la base du volontariat et les individus les plus altruistes subiraient le plus fort coût du mécanisme. Cela poserait donc un problème d'équité (pourquoi les citoyens plus altruistes devraient-ils payer pour la consommation des citoyens les moins respectueux des animaux ?) ainsi que d'efficacité (au lieu de réduire la production, on chercherait à faire payer les externalités à une partie de la population qui n'est pas impliquée dans la production). En outre, ce marché poserait également la question des phénomènes de passager clandestin des biens publics.

Subventions aux associations de défense des animaux

S'il peut être difficile pour l'État d'intervenir directement ou de taxer la viande, le poisson, les œufs ou les laitages, il peut atteindre ses objectifs en finançant

1. Espinosa (2019).

des associations qui rempliront les missions de service public à sa place, à l'instar de la Société Protectrice des Animaux (SPA), qui s'occupe de nombreux refuges pour les chiens ou les chats abandonnés. Des ONG peuvent remplir plusieurs objectifs que l'État a du mal à atteindre : informer la population sur les externalités de la consommation de produits d'origine animale, convaincre les entreprises de bannir les pires pratiques de l'élevage et de développer des substituts végétaux à leurs produits historiques, etc. Pour ce faire, l'État peut déléguer une partie de ses missions en subventionnant ces associations ou en mettant en place des politiques fiscales avantageuses pour ces ONG.

Nous pouvons considérer deux types de subventions aux associations. D'une part, l'État pourrait subventionner directement les associations (*subvention directe*). D'autre part, il pourrait subventionner les dons des particuliers aux associations (*subvention indirecte*). Ces deux mécanismes permettraient d'augmenter la somme des dons reçus par les associations par des mécanismes comportementaux que nous avons évoqués. La première politique capitaliserait sur l'existence de *warm-glow* (altruisme impur), tandis que la seconde utiliserait les propriétés du bien public.

Considérons le premier cas de figure, à savoir le prélèvement d'une taxe permettant de subventionner directement les associations de défense des animaux. Imaginons pour commencer un individu altruiste qui ne présente pas de considérations de *warm-glow* : il est uniquement intéressé par le montant que reçoit l'association à la fin de la journée et ne se soucie pas de *qui* lui donne cet argent. Dans une première situation, nous donnerions 20 euros à cet individu en lui laissant la possibilité de donner à son tour une partie de cet argent à une association de défense des animaux. Considérons qu'il décide de donner 5 euros dans cette première situation. Dans la seconde situation, nous déciderions de ne donner que 15 euros à cet individu après avoir prélevé une taxe de 5 euros et nous reverserions directement cette taxe à l'association de défense des animaux. Quelle situation serait la plus profitable pour l'association : celle où l'individu donne spontanément 5 euros ou celle où nous collectons ces 5 euros par une taxe pour la reverser directement à l'association ?

Si nous avons affaire à un individu purement altruiste, les deux situations seront équivalentes. Il sera indifférent entre les deux situations : dans les deux cas, il gardera 15 euros et l'association aura reçu 5 euros. Mais les situations ne seront pas équivalentes si, toutes choses égales par ailleurs, nous avons affaire à un individu imparfaitement altruiste : si l'individu est sujet au *warm-glow*, il aura une utilité à donner *lui-même* les 5 euros à l'association plutôt que de laisser l'État le faire pour lui. En organisant la collecte des dons de manière centralisée, nous privons l'individu de son plaisir de *warm-glow*. Quelle serait la conséquence pratique de cette subvention par la taxation ? Parce que l'altruiste impur aime donner lui-même de l'argent aux associations, il est fort probable qu'il décide, dans la deuxième situation, de donner malgré tout une partie de ses 15 euros à l'association. Ainsi, quand on taxe l'altruiste impur de 5 euros pour les donner directement à l'association (ce qu'il aurait spontanément donné sans taxation), il diminuera son don mais de moins que 5 euros. Peut-être continuera-t-il ainsi à donner 2 euros, en plus des 5 euros prélevés et directement donnés à l'association par l'État. Ainsi, l'argent reçu au total par l'association sera supérieur dans le cas du prélèvement centralisé (7 euros), que dans la situation sans prélèvement (5 euros). La *subvention directe* par l'État met ainsi à profit l'existence de *warm-glow* chez certains citoyens pour augmenter les dons que reçoivent les associations.

Considérons maintenant la deuxième possibilité, à savoir une politique où l'État proposerait de subventionner les dons des particuliers (subvention indirecte). Tout d'abord, on peut noter que le don aux associations est un *bien public*, comme nous l'avons montré dans le chapitre précédent : tous les altruistes profitent de ce que les associations soient mieux dotées, mais nous avons individuellement intérêt à laisser les autres s'en occuper. Nous avons vu que le phénomène de passager clandestin intervient lorsqu'un individu est perdant quand il investit dans un projet collectif (1 euro donné à une association me coûte 1 euro mais me rapporte moins qu'1 euro). De ce fait, les dons spontanés aux associations sont généralement plus faibles que leur niveau optimal. Autrement dit, quand l'État n'intervient pas, le niveau des dons faits aux associations est plus faible que ce que ce qui convient pour le bien-être social.

Imaginons maintenant que nous décidions de subventionner les dons faits aux associations et que de telles subventions soient financées par une taxe payée de manière égale par tous les membres de la société : quand un individu fait un don d'1 euro, il recevrait

50 centimes de l'État (à l'image des avantages fiscaux sur l'impôt sur le revenu pour les dons aux associations en France) et ces 50 centimes de subvention proviendraient de la taxe payée par tous les contribuables. Dans une telle situation, un individu réfléchirait au montant de son don sans se préoccuper de ses effets sur la taxation. En effet, parce que la subvention est supportée par un très grand nombre d'individus, quand je décide d'augmenter d'1 euro mon don pour une association, le montant des taxes que je dois payer reste quasiment le même (avec 40 millions de contribuables[1], mon impôt augmenterait de 1/40 000 000 d'euros, ce qui est négligeable). Ainsi, quand l'État met en place un mécanisme de subvention des dons, les individus obtiennent les bénéfices du don (je suis heureux que les associations aient davantage d'argent pour remplir leurs missions), mais ne supportent quasiment pas les coûts, qui sont dilués parmi tous les contribuables. En procédant de la sorte, nous avons exploité le phénomène du passager clandestin du bien public à bon escient : donner 1 euro à l'association me coûte maintenant seulement 50 centimes ; l'individu va pouvoir donner davantage aux associations. Les subventions indirectes permettent ainsi d'augmenter la somme des dons versés aux associations par les particuliers.

De nombreux travaux ont cherché à tester l'effet de mesures de subventions de l'État sur les dons aux associations. Dans le cadre conceptuel de James Andreoni présenté au chapitre III, si la proportion

1. Si on considère l'impôt sur le revenu, on aurait 16 millions de foyers fiscaux concernés ; le raisonnement serait le même.

d'altruistes purs, à savoir les personnes qui se soucient uniquement du montant global dont dispose l'association, est élevée, alors 1 euro en plus versé par l'État devrait diminuer d'1 euro les contributions privées. Au contraire, si la proportion d'altruistes impurs, à savoir les personnes motivées par l'envie de donner eux-mêmes (*warm-glow*), est élevée, alors la subvention de l'État devrait peu influencer le montant des contributions privées. La question est donc de savoir si la diminution des contributions privées à la suite de l'augmentation des subventions d'1 euro de l'État, qu'on appelle *effet d'éviction* (*crowding-out effect*), est inférieure ou égale à 1 euro.

Plusieurs études ont cherché à mesurer l'effet d'éviction, qu'il s'agisse de données observées ou de travaux expérimentaux. Dans une récente méta-analyse, Arjen De Wit et René Bekkers (2017) examinent les résultats de 70 études mesurant l'effet d'éviction des subventions gouvernementales. Les techniques employées sont très diverses : études expérimentales (choix en laboratoire ou par des enquêtes), études de données fiscales d'archives et des données déclaratives d'enquête au niveau individuel. Les auteurs montrent que l'effet d'éviction est estimé en moyenne autour de 0,17. Autrement dit, pour 1 euro de subventions données directement par l'État à une association, les contribuables donnent 0,17 euros de moins.

Les auteurs notent cependant que les résultats mis en lumière dépendent fortement des méthodes employées pour mesurer l'effet d'éviction. Les questions méthodologiques soulevées tournent principalement autour de deux notions : la validité interne et la validité externe des études. Le concept de *validité interne* renvoie au fait qu'une étude arrive à bien mettre en évidence ce qu'elle cherche à démontrer. Ici : au sein de l'étude, est-on sûr que ce soit bien l'augmentation d'1 euro de la subvention publique qui conduit un individu à baisser sa contribution ? La *validité externe* concerne la généralisation des résultats d'une étude au-delà de l'étude elle-même. Il s'agit de savoir en l'espèce si l'effet d'éviction mesuré dans l'étude est une bonne estimation des autres effets d'éviction pour des problèmes comparables « dans la vraie vie ».

Les études sur données réelles sont connues pour avoir une forte validité externe mais une faible validité interne. Quand on analyse des données d'archives fiscales, par exemple, les individus ne se sentent pas observés et décident de leurs dons dans l'environnement dans lequel ils évoluent au quotidien. Nous sommes ainsi proches de la réalité. Néanmoins, ces études possèdent une plus faible validité interne : comment savoir si d'autres facteurs que nous n'observons pas n'expliquent pas en même temps la décision du gouvernement de subventionner l'association et la décision des individus de contribuer ? Par exemple, l'État pourrait décider de subventionner les associations qui travaillent sur les problèmes les plus urgents pour la société. Parce que ces associations ont un besoin croissant de financements, nous observerions deux phénomènes en même temps : une augmentation des subventions de l'État et une augmentation des dons des particuliers. Dans les données, nous observerions ainsi que les particuliers donnent davantage quand l'État donne davantage. Mais, en réalité, cela ne serait pas dû à un effet *causal* (à savoir que l'augmentation des subventions de l'État provoque une augmentation des dons privés) ; cela reflèterait simplement le fait que l'État et les particuliers visent tous les deux les ONG ayant grandement besoin de liquidités. Ce problème, dit d'*endogénéité*, conduit à une faible validité interne des études sur données observées : nous ne sommes pas totalement certains que l'effet mesuré rende bien compte de l'effet d'éviction dû à l'altruisme impur.

Les études expérimentales présentent quant à elles les avantages et défauts inverses. Elles invitent des participants dans des centres de recherche et observent comment ceux-ci décident de donner aux associations. Les chercheurs font varier le niveau de subventions qu'ils accordent directement aux associations et regardent comment les participants ajustent leurs propres dons. Cela favorise une bonne validité interne dans la mesure où l'on est sûr qu'il n'y a aucun facteur inobservé influençant la décision de subvention par l'expérimentateur (qui joue le rôle de l'État). Néanmoins, le cadre de décision est très spécifique et éloigné des décisions de don habituelles (problème de *validité externe*) : les participants prennent des décisions en se sachant observés, ce qui peut les conduire à ne pas décider comme ils le feraient habituellement.

Ces différences méthodologiques (données observées contre données expérimentales) influencent grandement les mesures de l'effet d'éviction. Arjen De Wit et René Bekkers (2017) montrent ainsi que, dans les études expérimentales, le taux d'éviction moyen estimé est de 0,64 euro : pour chaque euro que donne le gouvernement, les individus réduisent leur don de

0,64 euro. C'est plus proche du taux de 1 que prédit la théorie de l'altruisme pur. En revanche, les études sur données réelles mettent en évidence un effet inverse : pour chaque euro donné à une association par l'État, les individus *augmentent* leur contribution. Cet effet positif (appelé *crowding-in*) peut en partie s'expliquer par le problème d'endogénéité qui se présente dans le cas des études sur données réelles (la subvention de l'association est un signal de la nécessité d'investir, pour les citoyens).

De manière générale, les résultats théoriques de James Andreoni et empiriques de Arjen De Wit et René Bekkers (2017) indiquent un effet positif des subventions de l'État aux associations. La cause animale pourrait grandement bénéficier de ces subventions car l'investissement de l'État n'est pas suivi d'un désinvestissement total de la part des citoyens. On peut noter que cet effet est d'autant plus prononcé que le *warm-glow* est important. Or, il est fort probable que le *warm-glow* soit important quand il s'agit de la condition animale : une majorité d'individus seraient heureux de pouvoir aider les animaux, c'est-à-dire de se considérer et de se présenter aux autres comme des amis des animaux.

Peu de travaux académiques se sont hélas intéressés à la question du don aux associations de défense des animaux. Roger Bennett (2003) fait figure d'exception et analyse le profil des individus susceptibles de donner à ces associations. Dans son étude, il présente une situation hypothétique dans laquelle 250 Britanniques recevraient 100 livres sterling et devraient choisir une association à laquelle ils donneraient cet argent. Les participants ont le choix entre trois associations : une association de défense des animaux (RSPCA), une association de lutte contre le cancer et Amnesty International. L'auteur montre que les participants choisissant l'association de défense des animaux sont davantage compatissants, hédonistes, chaleureux dans leurs relations avec autrui, relativement moins édu- qués, et ils ont eu davantage d'animaux de compagnie. Les donateurs hypothétiques sont plus enclins à juger que la protection animale devrait être financée par l'État plutôt que par des dons individuels.

L'institut Faunalytics, qui promeut les études (académiques ou non) sur la condition animale, a également publié plusieurs travaux sur le sujet. Le rapport de février 2019, intitulé *Les personnes qui soutiennent les causes animales : une analyse descriptive*[1], porte sur les caractéristiques des donateurs des associations de défense des animaux à partir de données d'enquête récoltées aux États-Unis (1 036 participants retenus). Cette étude montre que la plupart des donateurs (82 %) donnent à des associations de défense d'animaux domestiques et que deux tiers de ces donateurs ont donné exclusivement en faveur des animaux domestiques. Au total, un donateur sur quatre a donné pour les animaux sauvages ou les espèces en voie de disparition, tandis qu'un donateur sur dix a donné pour aider les animaux exploités dans les élevages. Ces chiffres suggèrent que l'État devrait prioritairement subventionner les associations œuvrant pour les animaux dans les élevages,

1. Titre original : « The People Who Support Animal Causes : Descriptive Results ».

puisque c'est là que les dons sont les plus faibles et le besoin le plus grand.

L'étude montre que cette concentration de dons envers les animaux de compagnie ne relève pas uniquement d'un manque d'empathie pour les animaux non domestiques, mais également d'un manque d'information. Lorsqu'on présente aux donateurs une liste d'associations auxquelles ils pourraient hypothétiquement donner, ceux qui donnent aux associations de défense des animaux de compagnie déclarent également vouloir soutenir celles qui viennent en aide à d'autres types d'animaux. L'étude conclut que les donateurs s'orientent principalement vers les associations qu'ils connaissent.

Ce travail met également en lumière plusieurs comportements intéressants. La part des dons destinés aux associations de défense des animaux représente 30 % du montant total de donation chez les donateurs d'associations animalistes. Plus de 90 % d'entre eux donnent en effet à des associations œuvrant dans d'autres domaines, comme les banques alimentaires ou les associations de protection des enfants. Quant au profil des donateurs, les données montrent que les femmes, les personnes peu pratiquantes, les individus plus libéraux[1] et ceux ayant un animal de compagnie sont plus susceptibles de donner aux associations de défense des animaux[2]. Les plus forts revenus, les véganes

1. Le terme « libéral » est ici à comprendre dans son acception américaine d'opposition au « conservatisme ».

2. À lire dans la suite de l'étude précédente mais avec les mêmes données : « People Who Support Animal Causes : Who Gives More ? » (Faunalytics, 17 juillet 2019).

et les individus ayant des activités de loisir impliquant des animaux, ont davantage tendance à donner.

Les nudges, *ou coups de pouce cognitifs*

Le recours aux *nudges* est une des interventions les plus pratiquées en économie comportementale pour changer les comportements des individus. Les *nudges*, que l'on peut traduire en français par « coups de pouce cognitifs », visent à orienter les comportements des individus vers des options socialement plus désirables sans restreindre l'ensemble des choix qui leur sont disponibles[1].

Un exemple classique de *nudge* est celui de l'option de retrait (*opt-out*). Quand un site internet nous demande si nous souhaitons nous inscrire à sa newsletter et qu'il précoche la case « Je souhaite m'abonner », il nous faut alors procéder à un *opt-out*, à savoir décocher volontairement la case, pour ne pas recevoir la newsletter. La situation d'*opt-in* est la situation inverse, dans laquelle la case est décochée par défaut et où l'on nous demande de procéder à l'*opt-in*, à savoir cocher volontairement la case, pour nous inscrire. En passant de l'adhésion volontaire (*opt-in*) à l'adhésion par défaut (*opt-out*), les sites internet opèrent un changement de choix par défaut. Ce type de *nudge* vise principalement à tirer profit de notre préférence pour le statu quo. Quand les individus sont plutôt indifférents entre deux

1. Thaler et Sunstein (2008) ; Vandenbroele, Slabbinck, Van Kerckhove et Vermeir (2019).

options, il peut y avoir un fort effet d'inertie : une forte proportion de consommateurs préfère garder le choix par défaut. En changeant le choix par défaut, on peut ainsi significativement altérer le choix des consommateurs sans affecter les options qui leur sont disponibles. Tout en gardant intacte la liberté des internautes, les plateformes arrivent à considérablement augmenter le nombre d'abonnés à leurs newsletters en jouant sur la présélection de l'abonnement.

De manière générale, il est possible de distinguer deux définitions de *nudges*. Une première définition plutôt large considère que toutes les interventions qui ne modifient pas l'ensemble des choix des individus (pas de restriction, pas de taxation) peuvent être considérées comme des *nudges*. C'est la définition retenue par de nombreux travaux. Jolien Vandenbroele et ses co-auteurs[1] parlent ainsi par exemple des *nudges* descriptifs (donnant une information sur un attribut du produit), évaluatifs (évaluant la qualité d'un produit plutôt que de le décrire), promoteurs de visibilité (mettant en avant une information déjà existante), promoteurs hédoniques (rendant le produit plus séduisant) et d'influences sociales (stimulant le désir de conformité à la norme sociale). Une seconde définition, plus restrictive, peut considérer que seules les interventions modifiant « l'architecture des choix », à savoir la manière dont sont présentées les options, entrent dans la catégorie des *nudges*. Ainsi, un label qui donnerait de l'information au consommateur dont il ne disposait

1. Vandenbroele, Vermeir, Geuens, Slabbinck et Van Kerckhove (2020).

pas avant, ne joue pas uniquement sur l'architecture des choix mais également sur le niveau d'information dont dispose l'agent. Conformément à la littérature, nous prendrons ici la définition de *nudges* au sens large, mais présenterons plus loin les labels dans une section consacrée à leurs spécificités.

De longs débats ont secoué la science économique sur la question de l'utilisation des coups de pouce cognitifs pour influencer le comportement des individus. De nombreux économistes, à l'instar des grandes figures de l'Ecole de Chicago, plaident pour une intervention minimale des pouvoirs publics et souhaitent laisser les individus décider de la manière la plus libre possible. Quand une action ne génère pas d'externalités, on peut tout à fait comprendre ce choix : laisser les individus faire ce qui les rend heureux si cela ne concerne qu'eux est le meilleur moyen d'améliorer le bien-être social (c'est la théorie de la main invisible). Pourtant, nous l'avons vu, l'exploitation animale génère de nombreuses externalités négatives qui ne sont pas supportées par le producteur ou le consommateur, et dans ce cas, il peut être nécessaire d'influencer les comportements des individus pour améliorer le bien-être social. En outre, Richard Thaler et Cass Sunstein affirment que les individus ne font pas toujours ce qui les rend heureux : ils ont parfois des comportements addictifs qui vont à l'encontre de ce qu'ils aimeraient faire. Ici aussi, il peut être bénéfique d'intervenir pour le bien-être social.

Considérons un individu qui aimerait arrêter de manger de la viande mais qui a du mal à se contrôler (« c'est trop bon, je n'arrive pas à arrêter »).

Devrait-on aider cet individu à diminuer sa consommation de viande ? Les économistes libertaires diraient que, si cet individu mange de la viande, c'est qu'il trouve une plus grande utilité à le faire qu'à ne pas le faire. Il ne faudrait donc pas intervenir. Richard Thaler (2018) explique cependant qu'on ne peut pas se limiter à observer le choix que font les individus pour en déduire indirectement leurs préférences. Il prend l'exemple d'une soirée où il avait invité des amis à dîner chez lui. Thaler avait mis sur la table des noix de cajou pour faire patienter ses invités pendant que le repas principal finissait de cuire. En remarquant que le nombre de noix de cajou diminuait rapidement et que les invités commençaient déjà à être repus, Thaler décida de les enlever de la table. Après avoir déposé les noix de cajou dans la cuisine, les invités le remercièrent d'avoir enlevé les noix de cajou.

Richard Thaler explique que ses invités avaient un problème de contrôle de soi et qu'ils auraient effectivement préféré arrêter de manger les noix de cajou mais n'en étaient pas capables. Les situations où les individus souffrent d'un problème de contrôle de soi (*self-control*) sont caractéristiques des cas où l'on ne peut pas dire ce que les individus aimeraient faire en regardant ce qu'ils font. Or, la consommation d'aliments comme les noix de cajou mais également la viande, résulte très souvent de choix automatiques et non rationnels. Un certain nombre d'individus, s'ils réfléchissaient avec le système 2, seraient prêts à arrêter ou du moins diminuer l'exploitation animale. Mais placés devant une décision alimentaire, ils mobilisent le système 1 et prennent une décision dont ils ne sont pas même pleinement satisfaits (manger de la viande). Ainsi, même en mettant de côté la question des externalités, il est possible que certains individus qui consomment de la viande trouveraient une plus grande utilité à diminuer leur consommation si on les y aidait.

Richard Thaler (2018) considère que les *nudges* offrent un bon équilibre entre intervention publique et préservation des choix des individus. Parce que les *nudges* n'altèrent pas l'ensemble des choix que peut faire un individu, ils n'entravent pas sa liberté. Mais parce qu'ils permettent d'obtenir des changements effectifs dans les comportements, ils peuvent remplir des objectifs de politiques publiques. Par exemple, mettre des images sur les paquets de cigarettes n'affecte pas la liberté des fumeurs. En revanche, ces derniers sont moins susceptibles d'acheter des cigarettes s'ils voient des photos donnant à voir les effets à long terme du tabac sur leur santé. C'est pourquoi Richard Thaler définit les *nudges* comme relevant d'un *paternalisme libertarien :* ils influencent les consommateurs tout en préservant leur liberté de choix.

L'utilisation de *nudges* pour réduire la consommation de viande peut être utile car elle permet précisément que les individus n'aient pas l'impression d'être limités dans leurs choix. Nous avons vu que la perception de contraintes ou de pertes peut freiner la transition alimentaire (aversion aux pertes, réactance). Le recours aux *nudges* apparaît ainsi avant tout instrumental : on les utilise car ils sont les plus efficaces pour changer les comportements des individus. D'un point de vue économique, l'utilisation de *nudges* se justifie aisément dans la mesure où les actions mises en cause génèrent de larges externalités : l'intervention publique vise à protéger la collectivité des actions dommageables.

L'utilisation de *nudges* en matière de choix de consommation, surtout alimentaire, est considérée comme particulièrement efficace par les sciences de la décision. En effet, les habitudes ont principalement recours au système 1 (automatique) de réflexion. Les campagnes d'information ont tendance à apporter des arguments rationnels sur les choix de consommation. Or, ces arguments sont traités par le système 2 du processus cognitif, qui n'est pas ou peu sollicité au quotidien. Parce que les *nudges* affectent principalement l'architecture des choix et ne font pas appel au système 2, ils sont davantage susceptibles d'affecter les décisions alimentaires[1]. En d'autres termes, les *nudges* permettent d'influencer les *comportements* (ce qu'on fait vraiment), tandis que les campagnes d'information, reposant sur des arguments rationnels, joueront davantage sur les *intentions* (ce qu'on souhaiterait faire). Ainsi, les interventions qui visent à affecter le système 2 ont des effets plus limités sur les comportements que les interventions qui ciblent le système 1[2].

De nombreux travaux menés dans le domaine de l'alimentation ont mis en lumière l'efficacité dont font preuve les *nudges* pour changer nos choix de consommation. Certaines études ont montré que la manière

1. Vandenbroele, Vermeir, Geuens, Slabbinck et Van Kerckhove (2020).
2. Broers, De Breucker, Van den Broucke et Luminet (2017).

dont sont présentés les produits[1], leur visibilité[2] ou encore leur emballage[3], affectent nos décisions de consommation. Plusieurs travaux se sont ainsi intéressés aux *nudges* en matière de consommation de produits d'origine animale.

Verna Kurz (2018) examine le rôle que peuvent jouer les *nudges* de mise en valeur des plats végétariens dans les cantines. Dans son étude, l'auteure mène une expérience de terrain dans des cantines suédoises de l'Université de Gothenburg. Les cafétérias du campus proposent tous les jours trois plats chauds, parmi lesquels un plat végétarien. La chercheuse propose de mettre en place un *nudge de visibilité* visant à mettre en avant l'option végétarienne sans modifier le reste de la carte. L'étude compare les choix de consommation dans un restaurant où rien ne change (cantine de « contrôle ») avec un restaurant où le plat végétarien est mis en avant (cantine « traitée »). L'auteure améliore la visibilité du plat végétarien en le mettant systématiquement en première position dans la liste des plats proposés et en présentation sur le comptoir. En améliorant la visibilité du plat végétarien, elle constate une augmentation de 40 % de la proportion de plats végétariens consommés sur la période du traitement. À la fin de la période d'intervention, c'est-à-dire quand le *nudge* est retiré et que la cantine revient à la situation préexistante, l'augmentation de la consommation végétarienne persiste mais perd en intensité.

1. Par exemple : Bucher, Collins, Rollo, McCaffrey, De Vlieger, Van der Bend, Truby et Perez-Cueto (2016).
2. Par exemple : Wilson, Buckley, Buckley et Bogomolova (2016).
3. Par exemple : Tijssen, Zandstra, de Graaf et Jager (2017).

Une récente étude de Jolien Vandenbroele et ses co-auteurs[1] évalue l'effet d'une politique de *nudge* visant à placer des alternatives végétales à côté de plats carnés similaires dans les supermarchés. Il s'agit de présenter des plats végétariens dans le rayon boucherie afin d'inciter les consommateurs de viande à les essayer, alors qu'ils ne seraient pas nécessairement allés au rayon végétarien pour les découvrir. Les auteurs expliquent qu'un tel processus mobilise deux *nudges* : un *nudge* de visibilité (le produit devient davantage visible pour ces consommateurs) et un *nudge* de comparaison (les produits apparaissent comme plus similaires et le coût comportemental à ne pas manger de viande devient par conséquent moins élevé). Une fois le dispositif en place, les auteurs comparent pendant un mois les ventes de ce produit dans le magasin en question et dans des magasins témoins. Les résultats montrent que la mise en valeur du plat végétarien a significativement augmenté ses ventes. Les auteurs concluent que la présence de produits simili-carnés dans les rayons boucherie (comme les steaks végétaux Beyond Meat ou autres) permet d'attirer les consommateurs de viande vers ces produits, mais montrent qu'il est important de conserver ces solutions végétales dans les rayons consacrés aux végétariens, puisque ces derniers évitent généralement le rayon boucherie.

Dans un récent travail, Emma Garnett et ses co-auteurs[2] analysent l'effet d'un *nudge* de disponi-

1. Vandenbroele, Slabbinck, Van Kerckhove et Vermeir (2019).
2. Garnett, Balmford, Sandbrook, Pilling et Marteau (2019).

bilité visant à augmenter la part de plats végétariens dans les menus. En analysant les décisions d'achat dans trois cafétérias de l'Université de Cambridge, les auteurs trouvent que le nombre de plats végétariens proposés (qui change d'un jour à l'autre en fonction de la carte) explique entre 21 % et 32 % de la variation dans les choix alimentaires entre repas végétariens et repas carnés. Les chercheurs montrent également que le simple fait de passer d'un quart de la carte à la moitié de la carte proposant des options végétariennes augmente significativement les ventes de plats végétariens (de +41 % à +79 % en fonction des études). Ils concluent également qu'il n'existe pas d'effet de report, par quoi les clients augmenteraient leur consommation de viande les autres jours de la semaine, laquelle reste stable. L'étude souligne également que la disponibilité des plats végétariens n'affecte pas le nombre total d'étudiants servis dans les cantines, ce qui indique que les étudiants ne vont pas se restaurer ailleurs ou que le nombre des étudiants qui le font est compensé par les étudiants qui reviennent dans les restaurants universitaires.

Plusieurs recherches se sont également intéressées à l'impact du changement du choix par défaut sur les décisions de consommation. Dans une étude déclarative de choix alimentaires, Victoria Campbell-Arvai et ses co-auteurs[1] constatent que présenter de prime abord un menu végétarien aux étudiants, tout en leur laissant la possibilité d'accéder à un menu carné, augmente la probabilité du choix d'un plat végétarien.

1. Campbell-Arvai, Arvai et Kalof (2014).

Dans une étude également déclarative, Julie de Vaan et ses co-auteurs[1] concluent que proposer un menu végétarien par défaut avec la possibilité d'ajouter de la viande peut réduire la consommation de viande.

Pelle Hansen et ses co-auteurs (2019)[2] avancent plusieurs explications au succès du choix par défaut : il tire profit de l'inattention dans les choix, il est utile dans les choix incertains et sert de signal normatif sur ce qu'il convient de faire dans la société. On peut également noter qu'il change le point de référence, ce qui conduit les individus à ne plus voir le choix végétarien comme une perte et augmente le coût à manger de la viande (les externalités sont alors vues comme des pertes). Ces chercheurs proposent également une analyse de choix de consommation réels[3] en demandant aux participants de plusieurs conférences ce qu'ils souhaitent manger pendant les pauses repas. Le courriel envoyé aux participants change en fonction du plat proposé par défaut : la moitié des courriels propose le plat végétarien par défaut, tandis que l'autre moitié propose le plat carné par défaut. Les résultats de l'étude sont sans appel. Quand le plat carné est proposé par défaut, les auteurs observent que seuls 2 % à 13 % des participants choisissent le plat végétarien,

1. De Vaan, van Steen et Müller (2019).

2. Hansen, Schilling et Malthesen (2019).

3. Notons que les résultats des études de choix déclaratives doivent être toujours considérés avec prudence dans la mesure où ils résultent de déclarations qui peuvent davantage refléter les attitudes que les comportements effectifs. Les résultats de Hansen, Schilling et Malthesen (2019) se fondent en revanche sur des choix réels de consommation et présentent une meilleure validité.

alors qu'ils sont 86 % à 89 % à le choisir quand il est proposé par défaut.

De manière plus large, plusieurs travaux sur les *nudges* ont cherché à augmenter la consommation de fruits et de légumes dans l'alimentation, principalement pour des raisons sanitaires (diminuer la mortalité associée aux régimes carnés actuels). Valérie Broers et ses co-auteurs[1] proposent une méta-analyse sur les premiers travaux sur la question, qui examine dans le détail une vingtaine d'études et conclut à un effet significatif des *nudges* pour favoriser la consommation de fruits et légumes. Les auteurs estiment également que c'est surtout le fait d'augmenter la visibilité d'un produit qui serait efficace[2].

Une question essentielle à la mise en place de *nudges* est bien entendu leur acceptabilité sociale. Le recours aux *nudges* se fait quand il est difficile d'imposer des mesures plus coercitives. Notre société semble avoir une très forte aversion aux augmentations des taxes (en témoignent des mouvements sociaux récents comme ceux des Bonnets rouges ou des Gilets jaunes) et le recours aux *nudges* vise en ce sens à gagner en acceptabilité en renonçant au pouvoir coercitif. Ainsi, les *nudges* ne sont désirables que s'ils assurent une meilleure acceptabilité que les politiques publiques plus coercitives. Il est alors primordial de savoir si les *nudges* visant à végétaliser les assiettes sont socialement acceptables.

1. Broers, De Breucker, Van den Broucke et Luminet (2017).
2. Kurz (2018), et Vandenbroele, Slabbinck, Van Kerckhove et Vermeir (2019).

Dans une enquête européenne, Lucia Reisch et Cass Sunstein (2016), étudiant le niveau d'acceptabilité des politiques de *nudges*, montrent que la population adhère fortement à leur mise en place (parce qu'ils laissent aux individus le choix de leurs comportements, *in fine*). Deux conclusions nous intéressent plus particulièrement. La première est que la population soutient très largement les politiques de *nudges* quand les objectifs poursuivis sont légitimes à ses yeux. La seconde est que les individus rejettent les *nudges* qui versent manifestement dans la manipulation (par exemple, les messages subliminaux dans les films). Astrid Junghans et ses co-auteurs (2015)[1] ainsi que Cathairne Evers et ses collègues (2018)[2] concluent également que les politiques de *nudges* sont davantage acceptées quand des experts en sont à l'initiative et qu'ils agissent dans de bonnes intentions.

Dans une étude ultérieure, Lucia Reisch et ses coauteurs (2017) explorent l'acceptabilité des politiques de *nudges* en matière d'alimentation. Les auteurs distinguent plusieurs types de *nudges*, comme ceux qui changent le choix par défaut, ceux qui affectent la disposition de certains produits, ou encore les labels. Leur enquête concerne plusieurs pays, dont la France, et montre que les Français se prononcent majoritairement en faveur de la mise en place de *nudges*. Par exemple, 90 % des Français se prononcent en faveur des avertissements pour indiquer les produits à forte teneur en sel ; 85 % en faveur de l'affichage des

1. Junghans, Cheung et De Ridder (2015).
2. Marchiori, Junghans, Cremers et De Ridder (2018).

calories dans les menus de chaînes de restaurants ; 85 % pour améliorer la visibilité des produits sains dans les supermarchés. En ce qui concerne la consommation de viande, 62 % des Français se déclarent en faveur de l'introduction d'un repas végétarien dans toutes les cantines de la fonction publique une fois par semaine. Notons que le fait d'avoir uniquement un repas végétarien à la cantine peut être perçu comme un cas-limite, puisque l'individu est davantage contraint dans son choix. On pourrait toujours soutenir que l'individu est libre d'aller se restaurer ailleurs (comme les végétariens le font habituellement en l'absence d'options végétariennes), mais cela affecte le choix économique de l'agent. Des campagnes nationales telles que le Lundi Vert semblent davantage répondre aux critères du *nudging*. En créant un mouvement collectif, les campagnes du type *meatless monday* stimulent la désirabilité sociale de l'alimentation végétarienne tout en préservant la liberté de choix du consommateur.

Les *nudges* peuvent permettre de lever de nombreux freins à la diminution de l'exploitation animale. Les interventions qui augmentent la disponibilité de substituts à la viande, par exemple, ou la présence de choix végétariens par défaut, peuvent résoudre les défaillances du système 1 dans les choix des consommateurs. Le choix par défaut permettrait aussi de remettre en cause l'idée que la consommation de viande est le point de référence et qu'en dévier constitue une perte (aversion aux pertes). Communiquer sur les normes sociales (par exemple, dire que 72 % des Français sont contre l'exploitation d'animaux sauvages dans les cirques[1]), permettrait de mobiliser les mécanismes de normes sociales et d'apprentissage social. Placer des photos des animaux exploités sur les produits (dans les conditions réelles de vie, pas des images issues de campagne de marketing) pourrait activer l'empathie émotionnelle. Certaines interventions pourraient mettre en valeur le fait qu'acheter les produits respectueux des animaux contribue à améliorer le bien-être de la société et des animaux. Cela pourrait multiplier à court terme les actions en faveur des animaux mais également engendrer des actions compensatrices (*warm-glow* et licence morale).

Les enjeux de l'information

Les *nudges* sont des politiques publiques faciles à mettre en place car le faible niveau de contrainte qu'ils exercent sur les décisions individuelles leur confère une forte acceptabilité sociale. Leur redoutable efficacité repose sur le fait qu'ils tirent parti des caractéristiques du système 1, souvent responsable de l'exploitation des animaux, pour réorienter les habitudes vers des consommations leur causant moins de torts.

À long terme cependant, les effets bénéfiques *nudges* sont loin d'être acquis, et ce pour deux raisons. La première est qu'ils sont potentiellement efficaces pour *pousser* un individu à consommer tel produit

1. Fondation 30 Millions d'amis, *Baromètre 2020 : les 11 sources de souffrance animale que les Français veulent interdire*, 27 janvier 2020.

plutôt que tel autre quand il est à peu près indifférent entre les options qui s'offrent à lui. Des parents qui hésitent entre emmener leurs enfants au cirque ou à un spectacle de marionnettes se décideront peut-être pour la seconde option s'ils apprennent qu'une large majorité de Français dénonce le maintien en captivité des animaux sauvages dans les cirques. En revanche, des parents qui emmènent régulièrement leurs enfants voir des spectacles de cirque avec animaux ne changeront sûrement pas d'avis avec un simple *nudge* de conformité sociale. Pour générer de nouvelles habitudes sociales, il faut donc travailler à un niveau plus fondamental et informer les individus sur les conséquences de l'exploitation animale.

La deuxième limite des *nudges* est qu'ils n'accompagnent la prise de décision que tant qu'ils sont en place : quand le contexte change et que ces coups de pouce cognitifs disparaissent, que reste-t-il des changements de comportements ? Verena Kurz (2018) a mesuré un effet persistant des *nudges* dans les choix alimentaires après leur retrait des cantines mais également que cet effet perd en intensité. De plus, la persistance de l'effet associé au *nudge* est mesuré sur une période de plusieurs semaines seulement : que reste-t-il des bénéfices du *nudge* dans les mois ou les années qui suivent son retrait ?

Parce que les *nudges* ne sont que des coups de pouce, il est important d'agir en même temps sur le système 2. En effet, si le système rationnel (système 2) n'est pas convaincu qu'il est nécessaire de diminuer ou d'arrêter l'exploitation animale, alors les *nudges* ne seront que des palliatifs de court-terme.

C'est pourquoi il est essentiel d'informer sur le long terme les citoyens sur les externalités que génère l'exploitation animale. Les associations de défense des animaux font un travail important sur ce point. Il est également essentiel que l'État publie et diffuse des informations sur le sujet, étant donné sa capacité à produire des statistiques fiables à l'échelle du pays. Il est enfin important que l'État se fasse le relai des dernières avancées scientifiques sur ces sujets.

Nous examinons ici le rôle de l'État vis-à-vis de l'information dans le domaine de l'alimentation, l'une des principales sources de souffrance animale. Nous analyserons plusieurs leviers d'action dont il dispose pour agir en faveur des animaux : informer les citoyens sur les externalités qu'engendre une alimentation carnée, lutter contre les informations erronées, former les personnels de santé aux avancées scientifiques dans le domaine de l'alimentation végétale, et améliorer l'indépendance et la transparence des décisions publiques.

Nous avons vu que l'ignorance sincère est susceptible d'être une des principales raisons du paradoxe de l'exploitation animale. Par de nombreux canaux, l'État joue un rôle stratégique pour combattre cette ignorance sincère car il constitue l'une des sources les plus crédibles d'information dont disposent les citoyens pour leurs choix de consommation. L'État définit les programmes scolaires ; il édicte des recommandations nutritionnelles à partir desquelles les menus dans les cantines sont élaborés ; il mène des campagnes d'information sur la santé ; il impose parfois la présence d'avertissements sur certains produits ou certaines publicités. Par tous ces canaux, l'État informe les citoyens sur les dommages et bénéfices associés à la consommation de certains produits, parmi lesquels ceux issus de l'exploitation animale.

En France, les recommandations alimentaires des autorités publiques sont définies par l'Agence nationale de Sécurité sanitaire de l'Alimentation, de l'Environnement et du Travail (ANSES), qui publie régulièrement des repères nutritionnels (Programme National Nutrition Santé, PNNS). Ces programmes visent à améliorer l'état de santé des citoyens. Les autorités françaises déclarent ainsi que « les orientations développées, les messages promus dans le cadre du PNNS reposent sur une expertise scientifique organisée par les pouvoirs publics[1] ». Malgré un objectif affiché de rigueur scientifique, les recommandations alimentaires françaises accusent un retard considérable sur l'état des connaissances scientifiques sur l'alimentation. Début 2019, le PNNS recommandait par exemple de « construi[re] [ses] plats principaux autour d'une portion de viande, de poisson, de jambon ou d'œufs, accompagnés de légumes et de féculents[2] » (voir Espinosa, 2019). Une telle position était à rebours des conclusions des travaux publiés les années précédentes, lesquels montraient qu'une alimentation sans viande permettait d'améliorer significativement la santé des consommateurs et de réduire les risques de diabète, de maladies cardiovasculaires ou de cancers[3]. Des études

1. Qu'est-ce que le PNNS ? – Mangerbouger.fr

2. « Equilibrer et varier son alimentation », Mangerbouger.fr, Version 2019.

3. Voir Tilman et Clark (2014) ; Springmann, Godfray, Rayner et Scarborough (2016).

publiées dans plusieurs revues de médecine mettaient déjà en évidence à cette date les risques associés à la consommation de viande : *American Journal of Public Health*, *The American Journal of Clinical Nutrition*, *Archives of internal medecine* ou *The American Journal of Epidemology*[1]. De plus, alors que l'Organisation mondiale de la Santé (OMS), l'agence anglaise pour la Santé (National Health Service) et le ministère étatsunien de l'Agriculture expliquaient tous à cette époque que les alimentations végétales étaient saines, la France maintenait que les repas devaient nécessairement être construits autour de protéines animales.

Les recommandations actuelles de l'ANSES (avril 2020) ont été partiellement mises à jour mais demeurent toujours éloignées des recommandations scientifiques internationales. La version actualisée du PNNS recommande certes désormais de réduire la consommation de viande rouge mais indique qu'il est possible d'en manger jusqu'à 500 grammes par semaine. On peut lire sur le site Mangerbouger.fr, qui reprend les consignes du PNNS, qu'il est possible de consommer « 500 g de viande hors volaille par semaine[2] ». Le journal *The Lancet*, l'une des premières revues médicales au monde, publiait fin 2019 ses dernières prescriptions alimentaires[3] et recommandait une

1. Voir Espinosa (2019).

2. « La viande : privilégier la volaille et limiter les autres viandes (porc, bœuf, veau, mouton, agneau, abats) à 500 g par semaine », Mangerbouger.fr, version 2020.

3. Willett *et alii* (2019) : « Our Food in the Anthropocene: The Eat-Lancet Commission on Healthy Diets From Sustainable Food Systems ».

consommation maximale de viande rouge par jour de 28 g, soit 196 g par semaine (et 0 g pour la consommation minimale). Les recommandations françaises de consommation *maximale* de viande rouge restent donc plus de deux fois supérieures aux recommandations scientifiques à jour.

Si l'État a un rôle primordial à jouer dans l'information des citoyens, il échoue manifestement à le remplir dans le domaine de la consommation de viande. Cette défaillance est aggravée par trois problèmes majeurs : les informations erronées véhiculées par l'industrie de la viande, le manque de formation du corps médical et les rapports très étroits entre les décideurs publics et les lobbies de l'élevage.

En ce qui concerne les informations erronées véhiculés par les lobbies de la viande, on assiste en effet à de très nombreuses campagnes de communication de la part des industriels vantant les mérites de la consommation de viande et ce, à rebours des recommandations scientifiques. Le site internet Naturellement Flexitariens, piloté par l'Association nationale interprofessionnelle du Bétail et des Viandes (Interbev), présente par exemple des conseils en nutrition qui recommandent, pour une alimentation « équilibrée », de consommer chaque semaine une quantité importante de produits d'origine animale (3 fois de la viande rouge, 2 fois de la volaille, 2 fois du poisson, 2 fois des œufs). Au contraire, alors que nos alimentations souffrent généralement d'un grand déficit en fibres, la plateforme internet recommande de manger des fruits et légumes « presque 1 fois par jour[1] », bien loin du message de « 5 fruits et légumes quotidiens » diffusé par les autorités sanitaires. Ces conseils nutritionnels sont contraires aux recommandations du rapport du *Lancet* cité plus haut : la consommation de viande rouge y serait bien trop élevée et la consommation de fruits et légumes serait significativement plus faible que les recommandations scientifiques (200 g et 300 g par jour respectivement pour les fruits et légumes). De la même manière, le site internet de Fleury Michon recommande aux enfants de manger chaque jour l'équivalent de 10 g de viande par année d'âge[2]. Pour un enfant de 11 ans, cela correspondrait à 770 g de viande par semaine, soit bien plus que les 602 g de viandes (rouge et blanche confondues) recommandées au maximum pour la santé *pour les adultes* par *The Lancet*.

Ces informations contraires aux prescriptions scientifiques ne sont pas seulement publiées sur les sites internet pilotés par les industriels, mais sont également diffusées plus largement par eux. Une enquête du quotidien *Libération* montrait qu'en 2016, le groupe Interbev intervenait à grande échelle dans les établissements scolaires pour promouvoir la consommation de

1. Naturellement-flexitariens.fr, version avril 2020.

2. Fleurymichon.fr, « Mon enfant peut-il manger de la viande midi et soir ? », version avril 2020 : « La viande entre dans l'alimentation dès 6 mois, en toute petite quantité (10 g/jour). Cette quantité augmente avec les besoins en protéines des enfants. Ainsi, entre 6 et 11 ans, la portion recommandée par jour représente l'équivalent de 10 g par année d'âge : par exemple à 7 ans, cela correspond à 10 g de viande, soit un peu plus d'un demi-steak haché ou bien deux tranches de jambon ou de blanc de volaille. »

viande[1]. L'objectif de la campagne annuelle dévoilée par le quotidien était d'intervenir dans 1 500 écoles et de toucher ainsi 225 000 élèves en quelques mois. Des dépliants, appelés « livrets d'information », étaient distribués aux parents d'élèves participant à l'élaboration des menus des cantines. Les écoliers recevaient également des tatouages éphémères intitulés « Avec le bœuf, c'est la teuf » ou encore « Parce que je le veau bien ».

Figure 2 – Recommandations nutritionnelles des lobbies de la viande et d'un industriel

1. *Libération*, « Le lobby de la viande s'invite à l'école », 14 novembre 2016.

Le deuxième enjeu est celui de la formation du corps médical. De nombreux individus intéressés par une transition alimentaire contactent, à juste titre, leur médecin généraliste pour recueillir un avis médical sur la question. Mais les médecins sont souvent peu ou mal (in)formés sur le sujet et manquent de formation continue pour être tenus au courant des dernières avancées scientifiques. Coraline Hardouin (2018), dans sa thèse de médecine, explique que le manque de connaissances sur la question du végétalisme résulte d'une « faible formation en nutrition lors des études de médecine ». Ce manque de connaissances conduit de nombreux médecins à un *a priori* négatif sur les transitions alimentaires. Sébastien Demange (2017) montre par exemple qu'un tiers des végétariens ont déjà réfléchi à changer de médecin généraliste en raison du regard que ce dernier portait sur le végétarisme.

La faible formation initiale sur le sujet de l'alimentation s'aggrave au cours du temps par le manque de formation continue. La recherche évolue à un rythme rapide et les médecins généralistes, souvent débordés au quotidien, n'ont pas le temps de se tenir au courant des dernières recommandations. Les informations que les médecins reçoivent proviennent souvent des lobbies eux-mêmes, comme l'illustre le dépliant reproduit ci-dessous, recueilli dans la salle d'attente d'un médecin généraliste, faisant la promotion de la charcuterie, pourtant considérée comme cancérigène par l'Organisation mondiale de la Santé.

Figure 3. – Dépliant d'information sur la charcuterie

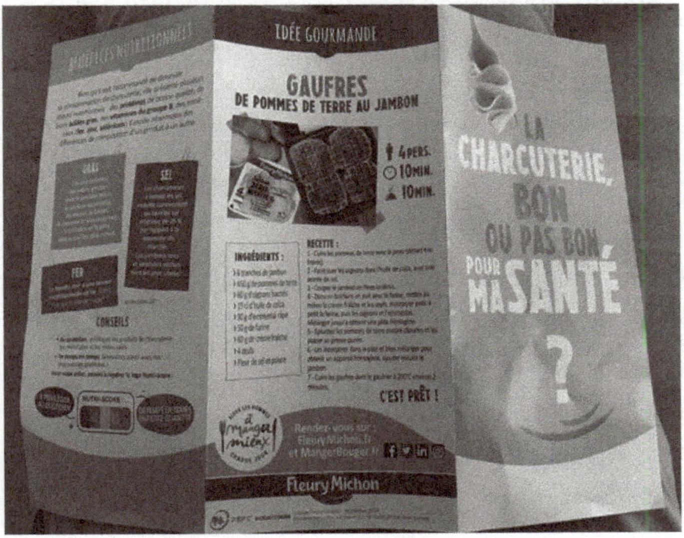

Le troisième problème lié à l'information publique et aux recommandations sanitaires est celui de l'opacité des relations entre les pouvoirs publics et les lobbies de la viande. Une enquête approfondie de Greenpeace France pointait déjà ce problème en 2017[1]. Dans son rapport, l'organisation montrait par exemple que les recommandations d'achat pour la restauration collective, éditées par le ministère de l'Économie, avaient été co-écrites avec les représentants de l'élevage. Le rapport de 2019 disait ceci, des conclusions de 2017 :

1. Greenpeace, « Cantines scolaires : les lobbies continuent de défendre leur bifteck », novembre 2019.

> Le constat était simple et accablant : les lobbies de la viande, des produits laitiers et de l'agro-industrie ont coécrit les fameuses recommandations nutritionnelles officielles. Sans surprise, celles-ci préconisaient des quantités bien trop élevées de viande et de produits laitiers, conduisant à des apports en protéines démesurés et à des taux de gaspillage alimentaire importants (notamment en termes de coût), les enfants n'étant pas en mesure de consommer de telles quantités. (Greenpeace, novembre 2019)

Ce rapport critique également le rôle important des représentants des industries de la viande dans la rédaction des lignes directrices de ces groupes de travail. On y apprend par exemple qu'une des auteures de ces recommandations publiques travaille pour Interbev depuis plusieurs années, après avoir travaillé pendant dix ans pour un autre lobby de la viande.

Nous voyons ainsi que l'État, s'il le décidait, pourrait jouer un rôle important dans la diminution de l'exploitation animale en transmettant une information plus proche des résultats scientifiques. Parce que le manque d'information de la population et du personnel soignant ainsi que la publication d'informations erronées ont des conséquences graves sur la santé de nos concitoyens, l'État serait très légitime à jouer ce rôle. Nous nous sommes centrés ici sur l'alimentation et la santé, mais l'État pourrait également contribuer à améliorer l'information publique au sujet des conséquences de l'exploitation animale sur l'environnement et sur le bien-être animal. En informant, en formant davantage les professionnels de santé, en luttant contre les informations erronées et en augmentant la transparence, l'État pourrait ainsi considérablement réduire l'ignorance sincère.

On ne peut manquer de relever néanmoins que ces stratégies d'information ne suffiront pas à résoudre le paradoxe de l'exploitation animale. Il est fort probable, à court terme du moins, que les stratégies de dissonance cognitive limitent la portée de ces campagnes d'information. De telles actions pourraient provoquer des phénomènes de réactance, probablement limités dans leur intensité. La réaction des lobbies pourrait être plus forte si l'État décidait de lutter contre la publication d'informations erronées. En revanche, l'éducation est susceptible d'influencer les comportements des écoliers à long terme. Enfin, en mettant à jour les recommandations en fonction des résultats scientifiques et en formant davantage les professionnels de santé, l'État pourrait contribuer à changer les normes sociales.

3. LES SOLUTIONS À L'INITIATIVE DES ENTREPRISES

L'État pourrait être un acteur clef s'il le souhaitait, mais les considérations électoralistes des élus politiques ainsi que les activités de lobbying des entreprises du secteur agroalimentaire ou des fédérations de chasse l'en détourne. Partant de ce constat, les associations de défense des animaux ont cherché à travailler directement avec les acteurs de la filière pour améliorer la condition des animaux. Leur idée est simple : si l'État refuse de jouer son rôle de régulateur et d'éliminer les pires pratiques de l'élevage, alors il faut en convaincre le marché lui-même. Pour ce faire, les associations de défense des animaux s'engagent dans des discussions avec des industriels pour faire changer les pratiques et se substituent ainsi au rôle de régulation de l'État défaillant. C'est ce que la littérature sur les ONG appelle la *politique privée* (*private politics*)[1].

L'efficacité de la politique privée s'explique parce que les entreprises, qui cherchent à maximiser leurs profits, doivent restaurer leur image auprès des consommateurs, stratégie qui est devenue un enjeu essentiel dans la quête de profits. Le développement de la Responsabilité Sociale de l'Entreprise (RSE) en est l'un des meilleurs exemples.

Les associations cherchent à bannir les pires pratiques de l'exploitation animale par deux moyens. Tout d'abord, elles agissent sur la demande en convainquant des consommateurs de se tourner vers des produits plus respectueux des animaux. Parce que la demande change, les entreprises s'adaptent pour capter ce nouveau segment du marché, ce qui augmente à terme l'offre de produits plus respectueux des animaux. Ensuite, les associations cherchent à influer directement sur l'offre en persuadant les entreprises de stigmatiser les pires pratiques d'élevage (labels) et de développer des substituts végétaux à leurs produits historiques (simili-carné et viande de culture).

1. Baron (2001, 2003, 2012).

Les labels évaluatifs

De nombreuses voix ont appelé ces dernières années à l'instauration de labels en matière de bien-être animal. Pour répondre aux attentes croissantes des Français sur le sujet, le groupe Casino lançait en 2018 un label sur les conditions d'élevage pour les poulets[1], développé en collaboration avec trois associations (CIWF, LFDA, OABA[49]). Une première version du label proposait de classer les produits à partir d'une liste de critères en quatre catégories : A – Supérieur, B – Bien, C – Assez Bien et D – Standard. Une refonte du label a par la suite ajouté une cinquième catégorie : E – Minimal[2]. Cette labélisation s'inscrivait dans une tendance observée dans d'autres pays, à l'image du programme « Global Animal », lancé en 2008 par la chaîne étatsunienne Whole Foods, où les produits carnés (poulet, bœuf et porc) sont classés sur une échelle de 1 (bien-être minimal) à 5+ (bien-être élevé).

La popularité des labels s'explique par leur faible niveau de coercition : ils laissent consommateurs et producteurs libres de leur choix et ne font qu'ajouter de l'information, ou augmenter la visibilité de cette information, pour mieux distinguer les différents segments du marché. Comme l'exemple du groupe Casino

1. *Le Parisien*, « Un label "bien-être animal" lancé par Casino », 9 décembre 2018.

2. Fondation Droit, Animal, Éthique et Sciences, « L'étiquetage bien-être animal ».

le montre, les labels jouissent d'une forte popularité auprès des associations welfaristes. Ils permettent d'attirer les consommateurs de viande vers des produits plus respectueux des animaux tout en évitant le possible effet de rejet social de mesures plus coercitives.

Les politiques de labélisation sont souvent considérées dans le cadre des politiques de *nudges*. En effet, parce qu'ils ne sont pas contraignants pour le consommateur, les labels répondent aux exigences du *paternalisme libéral* envisagé par Richard Thaler. Et pourtant, il me semble important d'analyser les labels de manière séparée des *nudges*. La principale raison pour laquelle les labels se différencient des *nudges* est qu'ils ne jouent pas uniquement sur la présentation des choix, mais également sur le niveau d'information dont disposent les consommateurs. Les *nudges* ont pour objectif de changer l'*architecture des choix*, comme la visibilité de certains produits ou le choix par défaut dans les cantines. Ils agissent ainsi principalement sur le système 1 : ce n'est pas l'information qui change, mais la manière dont cette information est présentée afin d'influencer le système 1.

Les labels remplissent en réalité une double fonction. Quand ils se contentent de mettre en avant une information déjà existante, ils entrent dans la définition stricte des *nudges*. En revanche, quand ils apportent de l'information qui n'était pas disponible, alors ils ne font pas que jouer sur le système 1, mais apportent également du contenu que le consommateur doit intégrer rationnellement (système 2). Par exemple, le label proposé par le groupe Casino apporte de l'information sur les conditions d'élevage dont ne disposaient pas les consommateurs auparavant et remplissent ainsi une double fonction : un apport d'information sur le produit (système 2) et une mise en valeur de cette information (système 1).

On peut distinguer deux grandes catégories de labels. Certains ont une fonction principalement *descriptive* et mettent simplement en avant les qualités du produit. La numérotation des œufs vendus dans le commerce montre explicitement les méthodes d'élevage employées pour la production d'œufs (0 pour les œufs bio, 1 pour les œufs de poules élevées en plein air, 2 pour les œufs de poules élevées en hangars et 3 pour les œufs de poules élevées en cage), mais ne portent pas de jugement de valeur. D'autres labels apportent de l'information mais proposent en même temps une *évaluation* du produit. L'initiative du groupe Casino entre dans cette catégorie. Le label est certes descriptif car il fournit de l'information qui n'existait pas (sans le label, le consommateur ne saurait pas que le produit est issu de l'élevage intensif) mais il est également évaluatif car il classe les conditions d'élevage sur une échelle allant de « minimal » à « supérieur ».

La question centrale est de savoir si l'introduction de labels sur les conditions d'élevage améliore le bien-être animal. Une première étape consiste à savoir si ces labels permettent d'obtenir une segmentation claire et utile du marché. Pour ce faire, ils doivent répondre à deux conditions.

Tout d'abord, les labels doivent fournir de l'information utile aux consommateurs : si ceux-ci disposent déjà de l'information véhiculée par les labels ou s'ils ne se soucient pas de cette information, alors ces labels s'avèrent inutiles. Nous l'avons vu, les produits d'origine animale sont des *biens de crédence* : il n'est pas possible pour le consommateur de connaître entièrement la satisfaction qu'il retire du bien car il n'observe pas les conditions d'élevage du produit. Son utilité, qui serait différente pour un produit issu d'un élevage intensif ou d'un élevage plus respectueux des animaux, demeure incertaine. Ainsi, il est probable qu'un label communique une information utile aux consommateurs : il leur permet de mieux connaître l'utilité qu'ils auraient pour chaque type de bien lors de leur décision d'achat.

La seconde condition est que les consommateurs soient prêts à payer suffisamment cher pour les biens labélisés. En effet, labéliser des œufs bio n'est utile au producteur que s'il peut en tirer un profit suffisamment élevé. Il faut donc qu'une part suffisamment importante de consommateurs soit disposée à payer davantage pour les produits plus respectueux des animaux, pour que ce segment supérieur du marché devienne rentable et permette au moins de couvrir les coûts de labélisation. Dans le cas contraire, la labélisation serait inutile.

De nombreux travaux ont cherché à mesurer l'effet de la labélisation sur le marché : combien le consommateur moyen est-il prêt à payer en plus pour des produits plus respectueux des animaux ? Azucena Gracia et ses co-auteurs (2011)[1] s'intéressent à une initiative européenne visant à labéliser les pratiques d'élevage dans la production de viande. Dans ce travail, ils

1. Gracia, Loureiro et Nayga (2011).

cherchent à mesurer l'impact de la labélisation européenne EU-CAW (*EU Community Animal Welfare*) sur la demande. Pour ce faire, ils mesurent la *propension à payer* des consommateurs pour les produits plus respectueux des animaux labélisés EU-CAW à l'aide d'enchères en laboratoire. Les auteurs estiment ainsi l'impact sur des décisions *réelles* d'achat, et non pas uniquement hypothétiques. Dans l'expérience menée en Espagne en 2008, les participants doivent indiquer leur propension à payer pour deux types de produits : un paquet de jambon cru non labélisé et un paquet de jambon cru labélisé (davantage respectueux des animaux). Les résultats à l'expérience montrent que les consommateurs sont prêts à payer en moyenne un prix 20 % plus élevé pour les produits labélisés comme plus respectueux des animaux.

Dans une étude publiée la même année, Glynn Tonsor et Christopher Wolf (2011) s'intéressent à l'impact économique des labels relatifs au bien-être des porcs et des poules pondeuses. Pour les porcs, les chercheurs proposent de marquer les produits issus d'élevages qui utilisent des cages de gestation dans lesquelles on immobilise les truies pendant la durée de leur grossesse. Concernant la production d'œufs, l'étude s'intéresse à la labélisation des œufs issus des élevages intensifs en cages. Les auteurs mesurent la propension à payer d'un échantillon représentatif de la population étatsunienne en 2008 (plus de 2 000 répondants). Leurs résultats montrent ici aussi que les consommateurs sont prêts à payer en moyenne un prix plus élevé de 20 % pour les produits labélisés comme plus respectueux des animaux. Ces résultats sur les poules pondeuses sont également confirmés par Yan Heng et ses co-auteurs[1], qui montrent que les consommateurs sont prêts à payer davantage pour que les poules pondeuses puissent avoir un accès à l'extérieur et ne soient plus enfermées dans des cages.

Ellen Van Loo et ses co-auteurs[2] proposent une analyse qui vise à comparer quatre types de labels concernant la viande : label sur l'élevage biologique, sur l'élevage en plein air, sur le bien-être animal et sur l'empreinte carbone. Pour ce faire, les auteurs analysent les décisions d'achat hypothétique d'un panel de consommateurs belges auxquels on présente ces labels. Les résultats de l'enquête montrent que les deux labélisations sur le bien-être animal (élevage en plein et bien-être animal) sont les deux labels qui induisent la plus grande propension à payer pour les consommateurs : plus de 90 % des consommateurs ont une préférence pour les produits avec le label « plein air » et 87 % pour le label « bien-être animal », contre 78 % pour l'empreinte carbone ou pour l'élevage biologique.

Les travaux en économie montrent ainsi que les labels sur le bien-être animal permettent de distinguer plusieurs segments du marché (parfois mieux que certains labels environnementaux et sanitaires) et que les consommateurs sont prêts à payer un surcoût pour les produits plus respectueux des animaux. Ces deux conditions laissent penser que les labels seront utiles au marché et qu'ils seront probablement pérennes.

1. Yan Heng, Hikaru Hanawa Peterson et Xianghong Li (2013).
2. Caputo, Nayga Jr et Verbeke (2014).

C'est de bon augure car si ces labels sont utiles pour les producteurs et les consommateurs, ils auront de grandes chances d'être mis en place de manière décentralisée (à l'instar du label Casino). L'étape suivante est de comprendre comment l'introduction des labels pourra, à terme, améliorer la condition des animaux d'élevage par rapport à un monde sans label.

Tout d'abord, le fléchage des conditions d'élevage réorientera certainement une partie de la demande vers des aliments dont la production cause moins de torts aux animaux. D'une part, parce qu'ils sont informatifs, ces labels permettront de répondre en partie à l'ignorance sincère. Les consommateurs auront davantage d'information, ce qui devrait aider les plus soucieux du bien-être animal à se rapprocher des produits les plus respectueux. Un effet négatif pourra survenir si les consommateurs peu soucieux du bien-être animal se mettent à consommer davantage de produits issus de l'élevage intensif. Cela paraît cependant peu probable, comme le montre la tendance à la diminution de la consommation d'œufs de poules élevées en cages. D'autre part, parce qu'ils sont évaluatifs, ces labels permettront d'aider à la prise rapide de décision s'ils attirent l'œil. Les consommateurs n'auront pas à traiter l'information en détail, mais se laisseront guider par les couleurs codifiées du label une fois qu'ils auront choisi à quel label ils accordent leur confiance. En d'autres termes, les labels aideront le système 1 à prendre une décision, sans avoir à mobiliser le système 2. La dimension normative des barèmes est également susceptible d'influer sur la *désirabilité sociale* chez les consommateurs : si un individu considère que les notes données par le label représentent une appréciation sociale sur ce produit, alors il peut être poussé à acheter ce produit par conformisme.

Plusieurs arguments plaident pourtant pour un effet limité des labels. Premièrement, on constate que de nombreux labels sont établis sur la base du volontariat, comme c'est le cas du Nutriscore. Laisser les industriels libres de choisir les labels à afficher conduit seulement les entreprises les plus vertueuses à mettre en place ces labels. On peut certes arguer que les industriels qui n'affichent pas le label ont, de fait, des produits de plus mauvaise qualité, mais il est possible qu'afficher un mauvais score puisse avoir un impact différent sur les consommateurs que de ne rien afficher du tout. Nous assisterons ainsi à un *effet de sélection* : seuls les produits les plus respectueux des animaux afficheront les labels de bien-être animal tant qu'ils sont facultatifs. En outre, les industriels qui s'engageaient déjà pour le bien-être animal mettaient déjà en avant leur engagement sur l'emballage de leurs produits pour les distinguer des autres. Autrement dit, la portée informative de ces labels peut être très limitée.

Deuxièmement, quand ces labels ne sont pas volontaires, il est possible que les terminologies adoptées soient plutôt flatteuses, afin de limiter les réactions négatives des industriels. Le label évaluatif du groupe Casino propose ainsi une lecture avantageuse des conditions d'élevage de poulets. La note « A – Niveau de bien-être animal supérieur » est ainsi attribuée aux élevages dans lesquels les poulets évoluent jusqu'à 11 par mètre carré en bâtiment fermé. Difficile de dire que le respect des animaux y est « supérieur ».

En outre, les pires conditions d'élevage en France reçoivent ainsi un score « minimal » de respect du bien-être animal. L'emploi du terme « minimal » plutôt qu'« insuffisant », par exemple, est plutôt flatteur et laisse entendre que les conditions d'élevage sont moralement acceptables.

Troisièmement, ces labels ne répondent pas au problème de *bien public* qui caractérise le bien-être des animaux. Ils inciteront les seuls contributeurs au bien public à changer leur consommation. Les personnes prêtes à cesser d'acheter des poulets élevés dans de mauvaises conditions *si et seulement si les autres le font* (celles qu'on appelle les *coopérateurs conditionnels*), ne changeront pas leur consommation par l'action des labels seulement. Ces labels ne permettront donc pas de résoudre le paradoxe consommateur-électeur. Il permettra uniquement aux coopérateurs inconditionnels, à savoir ceux qui agissent pour le bien public quelle que soit l'action des autres, d'agir sur le sujet. Le problème, c'est que les coopérateurs inconditionnels ne représentent qu'une toute petite partie de la société et sont en grande partie déjà captés, s'agissant du bien-être animal, par les végétariens et les véganes. Les coopérateurs conditionnels ne seront donc que faiblement influencés par les labels car le problème de coordination ne sera pas résolu.

Quatrièmement, le mécanisme de label est susceptible d'exacerber les mécanismes de *warm-glow* et de licence morale. Les consommateurs pourront avoir l'impression de faire une bonne action en achetant un poulet labélisé « supérieur ». La théorie du *warm-glow* prédit ainsi que les consommateurs feront moins d'effort au moment d'effectuer d'autres choix de consommation : ils auront déjà obtenu leur utilité de *warm-glow* en achetant le poulet. La théorie de la licence morale prédit que les consommateurs feront d'autres actions défavorables aux animaux après avoir acheté un produit labélisé, car ils se percevront alors comme des amis des animaux. Nous retombons ainsi dans l'effet d'éviction : parce que les consommateurs achètent un poulet labélisé positivement, ils seront ensuite moins prompts à prendre d'autres actions en faveur des animaux.

De surcroît, nous pouvons noter que les effets de réactance que provoque la généralisation de labels ne sont pas clairs *a priori*. Un label purement informatif aura peu de chance de susciter de la réactance dans la mesure où le caractère injonctif sera relativement faible (même si donner une information n'est jamais neutre). Un label évaluatif, cependant, pourra générer davantage de réactance. Si un individu perçoit la note comme une injonction portant sur ce qu'il doit ou ne doit pas faire, il peut se sentir menacé dans sa liberté de choix et prendre la direction opposée. Même si la réponse à la question de la réactance est avant tout empirique, il est raisonnable de penser qu'elle serait limitée.

Enfin, si nous nous sommes concentrés ici sur l'impact des labels évaluatifs sur la demande, ils représentent également un enjeu important du côté de l'offre. En sus de leur permettre de se démarquer sur le marché, ces labels contribuent à l'image de marque des entreprises, qui est devenue un élément important de la stratégie commerciale. Laisser la labélisation au seul marché risque cependant de créer de la confusion chez les consommateurs : si chaque entreprise est libre de créer son propre label, les consommateurs pourraient être submergés d'information et n'arriveraient plus à distinguer les différents produits. En outre, on ne peut exclure des risques de collusion entre les autorités qui émettent les labels et les producteurs : que penser des groupes qui labélisent eux-mêmes leurs produits ? Le rôle des associations de défense des animaux sera ici primordial pour surveiller l'utilisation de labels sur le marché en attendant que l'État décide de s'emparer du sujet.

Simili-carné et viande cultivée

L'idée sous-jacente aux labels est que l'amélioration du bien-être animal se fera avant tout par l'amélioration des conditions d'exploitation plutôt que par la diminution de la consommation de viande. Une telle position serait bien entendu contestée par les associations abolitionnistes, qui considèrent qu'il n'est jamais légitime d'exploiter les animaux. Toutefois, même dans une logique welfariste, chercher à améliorer les conditions d'élevage ne sera pas suffisant pour effectivement améliorer la condition animale.

Tout d'abord, manger des animaux *mieux traités* ne résout pas le problème environnemental causé par la consommation de produits d'origine animale. L'enjeu environnemental se fera de plus en plus pressant dans les années à venir et nous imposera de manger *moins* d'animaux (un steak de viande d'élevage émet sensiblement autant de gaz à effet de serre qu'il vienne d'un élevage intensif ou extensif). Ensuite, du point de vue du bien-être animal, continuer à manger autant de viande mais dans de meilleures conditions d'élevage ne paraît pas réaliste. En effet, la très forte consommation de produits d'origine animale, couplée avec l'augmentation de la population mondiale, génère une demande de produits d'origine animale telle, qu'il serait impossible d'y répondre avec des élevages extensifs uniquement. En France, 3 millions d'animaux terrestres sont tués chaque jour pour répondre à notre consommation. Imaginons que nous continuions à manger autant de viande qu'aujourd'hui mais que nous n'achetions que des produits issus de fermes familiales. Idéalement, nous voudrions par exemple que chaque ferme accueille une centaine d'animaux qui seraient tués au bout de six mois en moyenne (avec durées différentes par espèce). Pour qu'une telle solution soit possible, il faudrait en France plus de 5 millions de fermes de ce type, alors qu'on dénombre moins de 450 000 exploitations agricoles aujourd'hui sur l'ensemble du territoire.

C'est pourquoi l'un des enjeux principaux du bien-être animal est la *diminution* de la consommation de viande. Et l'une des premières questions que se posent les consommateurs de viande est de savoir ce qu'ils vont manger *à la place* de la viande[1]. Au fur

1. Bien entendu, de très nombreux végétaliens ne cherchent pas de substituts à la viande car les protéines peuvent venir efficacement des légumes, légumineuses et fruits à coque. Cependant, force est de constater que la demande pour remplacer la viande dans les assiettes est forte.

et à mesure que les externalités de la consommation de viande se font connaître dans la société, une demande croissante émerge pour des substituts à la viande produite dans les élevages (que nous appellerons *viande d'exploitation*). S'il existe des substituts traditionnels tels que le tofu, le seitan ou encore les protéines de soja, on assiste ces dernières années à une offre croissante des simili-carnés dont l'aspect, la texture, le parfum et la saveur sont aujourd'hui très proches de ceux de la viande. De nombreuses start-ups voient également le jour sur un marché qui s'annonce prometteur : la viande cultivée.

Simili-carnés. Les simili-carnés, tout comme les steaks ou les saucisses végétaux commercialisés depuis plusieurs années, principalement dans les épiceries véganes, ont rencontré récemment un grand succès avec l'arrivée de grands acteurs sur le marché. La méfiance croissante des consommateurs à l'égard de la viande a créé une demande de substituts pour un public plus large que les seuls véganes ou végétariens. Une récente analyse du groupe Barclays montre que les flexitariens sont les consommateurs qui tirent le plus à la hausse la demande pour ces produits : en 2019, 92 % des substituts végétaux du Royaume-Uni étaient consommés par les flexitariens (22 millions de consommateurs). Les analystes estiment que ces substituts à la viande d'exploitation représenteront 10 % du marché mondial de la viande d'ici à 2029[1].

1. Barclays, « Carving up the alternative meat market », 19 août 2019.

Le succès grandissant du flexitarisme a convaincu de nombreuses entreprises d'investir dans les substituts végétaux, ce qui a conduit à stimuler l'innovation. Ces grands investissements ont engendré des avancées techniques considérables, qui ont débouché sur des produits de meilleure qualité gustative et encouragé davantage de flexitariens à adopter ces substituts. D'un point de vue économique, on observe la création d'entreprises spécialisées dans la production de ces substituts végétaux comme Impossible Foods et Beyond Meat, qui ont levé respectivement plus de 300 et 100 millions d'euros. On note également que de nombreux acteurs traditionnels cherchent à diversifier leurs produits et investissent dans les substituts végétaux. Herta lançait ainsi en 2019 son steak entièrement végétal[1] et le groupe Danone rachetait dès 2016 le groupe Alpro, spécialisé dans les laits végétaux[2].

Alors qu'une alimentation végétale pourrait tout à fait se passer de ces produits de substitution, on observe une demande croissante pour les simili-carnés. Leur succès s'explique par deux raisons. La première est que ces produits remplissent les mêmes fonctions que la viande qu'ils cherchent à remplacer dans les assiettes. Par là, ils diminuent le coût à la transition alimentaire : les consommateurs n'ont pas besoin de compétences supplémentaires pour cuisiner ces produits, ce qui est un facteur important dans les choix de consommation de nouveaux produits (Schösler, De

1. *Les Échos*, « Herta lance le steak haché végane en grandes surfaces », 12 septembre 2019.

2. Lecho.br, « Danone reprend Alpro, entre autres : un deal à 11 milliards », 7 juillet 2016.

Boer et Boersema, 2012). Ces consommateurs peuvent ainsi garder leur tradition culinaire intacte en remplaçant la viande par des produits qui n'impliquent pas de souffrance animale. La deuxième raison du succès de ces produits est que les nouveaux acteurs du secteur ont beaucoup investi pour qu'ils ressemblent le plus possible à la viande (goût, texture, odeur, aspect). Ces produits d'origine végétale réduisent donc la néophobie (aversion pour les produits nouveaux) des consommateurs et facilitent la transition alimentaire[1].

Viande cultivée. Les récents développements biotechnologiques ont permis l'apparition, ces dernières années, d'une viande développée en laboratoire, appelée *viande cultivée*, *viande artificielle* ou encore *viande propre* (*clean meat*). Elle se distingue de la viande d'exploitation en ce qu'elle est développée à partir de cellules souches et permet de fabriquer de la chair animale sans tuer d'animaux. Les cellules souches sont obtenues au moyen de prélèvements (indolores) sur des animaux vivants ou proviennent de lignées cellulaires dites immortalisées. L'économie associée à ces nouvelles technologies est fleurissante et l'on observe une multiplication du nombre d'acteurs sur ce marché. L'entreprise Memphis Meats, un des leaders du marché, a ainsi levé plus de 180 millions de dollars pour développer ses produits de viande de culture[2].

1. Hoek, Luning, Weijzen, Engels, Kok et De Graaf (2011a) ; Hoek, van Boekel, Voordouw et Luning (2011b) ; Adise, Gavdanovich et Zellner (2015).

2. Reuters, « Lab-grown meat producer Memphis Meats raises $161 million in funding led by SoftBank », 20 juillet 2017.

Si l'on compte des philanthropes connus comme Bill Gates dans la liste des investisseurs, on y trouve également des géants de l'industrie de la viande comme Tyson Goods (première entreprise du marché de la viande aux États-Unis), qui anticipent les changements de consommation alimentaire vers des produits plus respectueux de la planète et des animaux.

Si la viande cultivée paraît si prometteuse pour ces investisseurs, c'est qu'elle présente deux avantages par rapport aux simili-carnés : le contrôle du contenu nutritionnel et le goût. D'un point de vue gustatif et nutritionnel, la viande cultivée a en effet de grandes chances de fournir un produit aussi séduisant pour le consommateur que la viande d'exploitation, voire plus séduisant encore. Cela tient principalement au fait que cette agriculture dite « cellulaire » permettra, à terme, de sélectionner très finement les cellules à développer. Ainsi, il sera possible de sélectionner et de ne développer que les parties de la viande les plus saines et les plus prisées par le consommateur. Une telle technique permettrait d'optimiser l'apport en protéines et pourrait offrir de meilleurs produits que ceux observés actuellement sur le marché de la viande d'exploitation (à l'image des steaks transformés, qui contiennent un volume important de cartilages, d'os ou de tendons[1]).

Ces nouveaux produits ont de grandes chances de convaincre les consommateurs soucieux de l'environnement et de leur santé. S'agissant des préoccupations

1. *Huffington Post*, « Les pires steaks hachés de grandes surfaces ne sont pas ceux que vous croyez », 27 février 2020.

environnementales, les études scientifiques ont longuement documenté le fort impact de la production de produits d'origine animale sur la planète : en moyenne, toutes les principales protéines d'origine animale (bœuf, cochon, poulet, lait, œufs, poisson, etc.) produisent davantage d'émissions de gaz à effet de serre que les protéines végétales (tofu, pois, noix, etc.[1]). Les simili-carnés, puisqu'ils sont constitués uniquement de protéines végétales, contribueront à diminuer l'empreinte écologique[2]. Les fabricants de viande cultivée espèrent, à terme, réduire les émissions de gaz à effet de serre et l'utilisation d'eau en optimisant l'apport énergétique nécessaire à la production de viande et en donnant aux cellules exactement ce dont elles ont besoin pour se multiplier. Mais la production de viande cellulaire est une technologie toujours en maturation et c'est à long terme que nous pourrons savoir si elle tient ses promesses environnementales.

Les enjeux sanitaires plaident également en faveur des substituts à la viande d'exploitation. Tout d'abord, la viande d'exploitation fait courir des risques sanitaires systémiques importants comme le développement de l'antibiorésistance ou la propagation accélérée des zoonoses dans les élevages intensifs. Le recours aux substituts permettra de réduire considérablement ces risques.

Pour les simili-carnés, l'une des principales sources d'inquiétude concerne le niveau de transformation des produits. Il est possible que les inconvénients liés

1. Poore et Nemecek (2018).

2. En supposant bien entendu que la transformation n'induise pas de fortes émissions de gaz à effet de serre, ce qui semble le cas.

à la transformation dans les produits simili-carnés compensent les effets bénéfiques de la réduction de la consommation de viande sur la santé. En effet, les travaux scientifiques ont clairement établi que la consommation de viande rouge favorise l'apparition de cancers, du diabète et de maladies cardio-vasculaires[1], mais de récentes études suggèrent également que les produits végétaux ultra-transformés seraient mauvais pour la santé[2]. Les consommateurs de produits transformés à base de viande gagneront à passer à des produits transformés à base de protéines végétales, mais il faudra veiller à ce que les végétariens et véganes qui ne consommaient pas ou peu de produits transformés (et qui bénéficiaient ainsi de l'alimentation la plus saine) ne consomment pas ces produits transformés en trop grande quantité.

Quant à la viande cultivée, les produits resteront avant tout de la viande et les risques sanitaires resteront les mêmes, excepté pour les risques de zoonoses, qui diminueront. Néanmoins, ces nouvelles techniques promettent à terme de reconnaître et d'éliminer les cellules cancérogènes. De plus, certains produits comme le poisson souffrent de la pollution environnementale (métaux lourds) et le recours à la viande cultivée permettra peut-être de diminuer les risques sanitaires.

Les simili-carnés et la viande cultivée semblent répondre à trois des plus importants blocages à la diminution de l'exploitation animale. Tout d'abord,

1. Tilman et Clark (2014) ; Springmann, Godfray, Rayner et Scarborough (2016).

2. Fiolet *et alii* (2018) ; Srour *et alii* (2019).

ces produits résolvent en partie le problème de la dissonance cognitive car ils permettent aux individus de ne plus être tiraillés entre leurs valeurs (ne pas faire souffrir les animaux) et leurs désirs (vouloir manger un produit qui apporte la même satisfaction que la viande). Les consommateurs n'auront plus à se mentir sur les conséquences de l'élevage car ces produits leur offriront la possibilité de réconcilier leurs plaisirs et leurs aspirations morales.

Ces produits apportent également une solution au problème du bien public en alignant intérêts privés (manger de la viande) et intérêts sociaux (ne plus faire souffrir les animaux). Comme les intérêts privés et sociaux ne s'opposeront plus, les individus pourront entreprendre l'action qui est socialement efficace : il n'y a plus de raison de se comporter comme un passager clandestin. De manière plus générale, on s'aperçoit que la convergence entre intérêts privés et intérêts publics permet de résoudre la tension entre égoïsme et altruisme qui sous-tend l'exploitation animale : quand intérêts privés et publics se confondent, nous pouvons utiliser le marché pour adopter la solution de consommation optimale (c'est la main invisible).

Enfin, la manière de présenter ces simili-carnés et la viande cultivée sera très importante dans le cadre de l'aversion aux pertes. Si l'on propose ces produits comme des gains pour les consommateurs par rapport aux produits existants (ce qui sera probablement le cas à long terme pour la santé), alors on pourra réduire les effets de l'aversion aux pertes.

*

Nous avons analysé les actions pouvant être entreprises pour améliorer le bien-être animal, et comment elles permettent de surmonter les obstacles. Les fruits de cette analyse sont présentés dans le tableau ci-dessous. Comme nous l'observons, ces actions répondent chacune à des enjeux différents et sont complémentaires.

Les solutions à l'initiative des organisations animalistes apportent une réponse à tous les enjeux que revêt le paradoxe de l'exploitation animale. Cela explique sans nul doute l'évolution des mentalités en faveur des animaux à laquelle nous assistons depuis plusieurs années. Les campagnes historiques de sensibilisation au sort des animaux ont permis de lutter contre l'ignorance sincère, ont reconnecté les individus avec leur empathie émotionnelle et ont changé petit à petit les normes sociales. Leur travail de lanceurs d'alertes, plus récent, a lui aussi contribué à lutter contre l'ignorance sincère et à renforcer l'empathie émotionnelle, mais a également limité les possibilités de dissonance cognitive. La création du Parti Animaliste en 2016 est venue compléter ces stratégies, en répondant aux problèmes de bien public et de rationalité limitée (système 1) et en exploitant à son avantage les comportements d'altruisme impur.

Nous avons également analysé le rôle que l'État pourrait jouer si les responsables politiques décidaient d'agir davantage pour le bien-être animal (et donc, pour le bien-être social). Nous n'avons pas évoqué les changements de réglementation (comme le fait d'interdire de détenir des animaux dans les cirques), qui sont les outils les plus immédiats pour améliorer la condition animale, mais nous nous sommes concentrés sur des mesures plus indirectes susceptibles d'être mieux acceptées. Nous avons vu que la taxation permet de résoudre les problèmes d'ignorance sincère et de rationalité limitée (système 1) mais risque de renforcer les problèmes de licence morale. Subventionner davantage les associations permettrait de mettre à profit les caractéristiques des biens publics et du *warm-glow* pour les animaux. Les *nudges*, ces coups de pouce cognitifs, sont également efficaces pour promouvoir des comportements plus respectueux des animaux.

Enfin, nous avons vu que le marché offre des solutions prometteuses pour améliorer le bien-être animal. Les labels permettent de réduire l'ignorance sincère et d'aider les prises de décision rapide, qui constituent deux déterminants importants des habitudes de consommation. Ils risquent pourtant de générer de la licence morale et ne résolvent pas le problème de bien public. Les substituts à la viande, tels que les simili-carnés ou la viande cultivée, connaissent une croissance économique importante, surtout portée par les flexitariens. La force de ces substituts est de croiser intérêts privés et bien-être social. Il devient beaucoup plus facile de mettre un terme à l'exploitation animale quand une option équivalente et plus respectueuse des animaux existe. Le développement de ces substituts est à coup sûr la piste d'amélioration de la condition animale la plus prometteuse pour les décennies à venir.

Mesures	Ignorance Sincère	Dissonance Cognitive	Bien Public	Système 1 et Système 2	Warm-glow et Licence Morale	Réactance et Aversion aux Pertes	Empathies Émotionnelle et Cognitive	Apprentissage Social et Normes Sociales
Portées par les associations...								
Campagnes de sensibilisation	Positif	Non résolu	Non résolu	Non résolu	Non résolu	Négatif	Positif	Positif
Lanceurs d'alerte	Positif	Positif	Non résolu	Non résolu	Non résolu	Non résolu	Positif	Non résolu
Parti animaliste	Positif	Non résolu	Positif	Positif	Positif	Non résolu	Non résolu	Positif
Portées par l'État...								
Taxation	Positif	Non résolu	Positif	Positif	Négatif	Non résolu	Non résolu	Non résolu
Subventions aux associations	Non résolu	Non résolu	Positif	Non résolu	Positif	Non résolu	Non résolu	Non résolu
Nudges	Positif	Non résolu	Non résolu	Positif	Indéfini	Positif	Positif	Positif
Formation et information	Positif	Résistance	Non résolu	Non résolu	Non résolu	Indéfini	Non résolu	Positif
Portées par les entreprises...								
Labels	Positif	Non résolu	Non résolu	Positif	Négatif	Indéfini	Non résolu	Non résolu
Simili carnés, viande de culture	Non résolu	Positif	Positif	Non résolu	Non résolu	Positif	Non résolu	Non résolu

Le terme « Positif » correspond aux situations où la mesure permet de répondre aux enjeux qui nous contribuent aujourd'hui à l'existence du paradoxe de l'exploitation animale. Le terme « Négatif » correspond aux cas où la mesure risque de renforcer le paradoxe de l'exploitation animale. Les cases « Non résolu » représentent les situations où la mesure n'a pas d'impact direct.

Conclusion

La cause animale est aujourd'hui à un tournant de son histoire. Grâce au travail des associations, l'opinion publique est désormais largement consciente des conséquences négatives de l'exploitation animale et en particulier de celles de l'élevage intensif et de la chasse. Pourtant, les comportements observés apparaissent plus que jamais en contradiction avec les aspirations sociales et le fossé entre les conditions de vie des animaux de rente et le souci sincère que nous leur portons ne cesse de croître. Le paradoxe de l'exploitation animale n'a jamais été aussi grand.

Résoudre cette contradiction entre nos valeurs et nos comportements est le plus grand enjeu pour la condition animale. Il serait vain d'espérer faire changer des individus égoïstes et d'attendre de ceux qui ne se soucient que d'eux-mêmes, qu'ils s'engagent pour les autres espèces. En revanche, l'objectif le plus important est de faire prendre conscience aux altruistes, aux humanistes, aux amoureux du bien commun, l'importance d'agir pour les animaux et de les aider à diminuer leur recours à l'exploitation animale (voire à y renoncer). Si notre objectif est d'améliorer le bien-être social, alors nous devons chercher à aider en priorité ceux qui souffrent le plus, parmi lesquels les animaux dont nous ne nous sommes jusqu'aujourd'hui que peu souciés collectivement.

Certes, de nombreux obstacles empêchent nos concitoyens altruistes de diminuer leur recours à l'exploitation animale. Il est possible qu'ils ne prennent pas encore toute la mesure des conséquences de leurs actions (ignorance sincère), qu'ils adoptent inconsciemment une vision complaisante de leurs comportements (dissonance cognitive), qu'ils préfèrent laisser les autres agir (bien public), qu'ils agissent sans trop réfléchir (système 1) ou qu'ils se laissent porter par les normes sociales. Peut-être ne comprennent-ils pas que certains biais cognitifs comme la licence morale, la réactance ou l'aversion aux pertes peuvent les conduire à entretenir l'exploitation animale. La distanciation créée entre les élevages, et plus généralement les lieux d'exploitation animale, et notre quotidien, a également coupé notre lien empathique avec les animaux.

La bonne nouvelle est que ces obstacles à l'amélioration du bien-être animal peuvent être tous surmontés : nous disposons de nombreux leviers pour aider les altruistes à s'engager pour un monde où les animaux seront mieux traités. Les associations animalistes ont joué et jouent encore un rôle considérable à cet égard. Les associations 30 Millions d'amis et L214 comptent à ce jour respectivement plus d'un million et plus de 750 000 abonnés à leurs pages Facebook, ce qui témoigne de leur popularité dans la population française. Leur travail de longue haleine a réussi à sensibiliser la population à des enjeux qui lui paraissaient lointains et à reconnecter les altruistes avec leur empathie émotionnelle.

Conscients des enjeux comportementaux associés au paradoxe de l'exploitation animale, nous pouvons également être plus attentifs à la manière dont nous construisons nos actions et nos discours. Il est important pour les personnes les plus engagées de trouver la manière la plus efficace de communiquer avec leurs proches. Partager ce qu'ils savent des externalités de l'exploitation animale est crucial car cela permet de réduire l'ignorance sincère et de changer les normes sociales. Il est important que ce partage de connaissances se fasse de la manière la plus bienveillante possible pour éviter les phénomènes de réactance. Aux personnes les plus intéressées, il peut être judicieux de fournir des sources tierces pour montrer que notre propos est partagé par des autorités reconnues, et de favoriser l'apprentissage social. Les sources sur les externalités de l'exploitation animale sont faciles à trouver : la recherche en sciences naturelles n'a jamais autant documenté les dégâts de l'exploitation animale sur le monde.

La concrétisation de ces efforts individuels et collectifs pour changer la société sera sûrement amplifiée ces prochaines années par le développement de substituts à la viande d'élevage. Ces produits sont en effet les solutions qui facilitent le plus la transition alimentaire en minimisant les coûts de changement pour le consommateur. De la sorte, les consommateurs souhaitant réduire leur consommation de viande auront de grandes chances d'adopter ces nouveaux produits, comme nous l'observons déjà au Royaume-Uni pour les flexitariens. Le monde connaîtra moins d'exploitation animale, l'environnement sera protégé, les effets du changement climatique atténués et les plaisirs de la table intacts. Il est rare de voir des situations où les intérêts de protection de la nature et des animaux concordent avec les intérêts du marché ; c'est une occasion unique que, je l'espère, nos sociétés saisiront.

Le plus grand défi que devront relever les animalistes est sans nul doute celui de l'influence considérable des lobbies sur les décideurs publics. Alors qu'un nombre sans cesse croissant de scientifiques appellent à diminuer la consommation de produits d'origine animale, leurs efforts et ceux des associations se voient contrecarrés par les représentants de l'exploitation animale. Ces groupes d'intérêts agissent à plusieurs niveaux, principalement auprès des responsables politiques et des consommateurs. Un tel degré de lobbying est plus qu'inquiétant car il s'inscrit à contre-courant des recommandations scientifiques, conduisant non seulement à des externalités négatives pour les animaux, mais également à une détérioration de notre environnement et de notre santé. Leurs interventions dans les écoles, leurs recommandations nutritionnelles erronées sur leurs sites internet ou encore la pression qu'ils exercent sur les responsables politiques servent leurs intérêts propres au détriment notable de ceux de la société.

Avant de consacrer mes travaux de recherche à l'économie de la condition animale, je n'aurais pu imaginer l'ampleur de l'influence des lobbies dans la prise de décision publique. Pourtant, j'ai pu observer ces dernières années les moyens considérables qu'ils mettent en place pour influencer, hélas avec succès, les responsables politiques. Rappelons quelques éléments-clefs.

Le premier élément inquiétant est l'influence des groupes d'intérêts privés promouvant l'exploitation animale au sein des ministères. Deux exemples observés pendant le quinquennat en cours reflètent cet état de fait. Le premier est celui de la démission de Nicolas Hulot. Quand le ministre de l'Environnement annonce sa démission en direct sur France Inter le 28 août 2018, il explique son impuissance à agir en faveur l'écologie face aux lobbies omniprésents dans les ministères[1]. Après avoir perdu de multiples arbitrages environnementaux, le ministre déclare que c'est la présence d'un puissant lobbyiste de la chasse, Thierry Coste, lors d'une réunion à l'Élysée la veille, qui l'a convaincu de quitter le gouvernement[2]. Ce lobbyiste, présent contre l'avis du ministre, mais qui conseillait déjà les prédécesseurs d'Emmanuel Macron, obtiendra la diminution du prix du permis de chasse alors que la chasse en France est l'une des plus destructrices de biodiversité en Europe. Le ministre, dépossédé de ses dossiers au profit des lobbies, préfère démissionner.

Un deuxième exemple de l'influence des lobbies d'intérêts privés sur les décisions ministérielles est celui de l'affaire Sobeval. Le 20 février 2020, l'association L214 diffusait sur internet une vidéo sur un abattoir

1. *Le Monde*, « La démission de Nicolas Hulot : “Je ne veux plus me mentir” », 28 août 2018.

2. *Le Monde*, « Démission de Nicolas Hulot : la présence d'un lobbyiste pro-chasse à une réunion a “achevé de le convaincre” », 28 août 2018.

de veaux dans lequel on pouvait constater de multiples infractions (étourdissements réalisés en violation de la réglementation, tirs mal ajustés, animaux blessés encore conscients[1]). Alors que le ministre de l'Agriculture Didier Guillaume déclarait trois jours après la diffusion des images que ses services n'avaient constaté aucune infraction dans l'abattoir[2], une fuite de courriels échangés au sein de son cabinet indiquait que ses proches conseillers avaient au contraire relevé des irrégularités « indéniables, voire majeures[3] ». Les échanges de messages électroniques révélaient la proximité du cabinet du ministre avec les groupes d'intérêts de la viande. On y apprend par exemple que le cabinet souhaitait échanger avec deux des principaux lobbies du domaine (Intetbev et FedeV) pour définir les éléments de langage que devait adopter le ministre dans la gestion de cette crise.

La pression des lobbies de l'exploitation animale se caractérise encore par une volonté de maîtriser le langage pour éviter que les consommateurs ne s'orientent vers d'autres produits plus respectueux des animaux. Un exemple frappant est celui du contrôle des appellations des produits mis en vente sur le marché. On l'a vu, on assiste au développement de nombreux substituts aux produits d'origine animale qui cherchent à réduire les coûts de transition alimentaire (lait de

1. *Le Monde*, « L'abattoir Sobeval de Dordogne visé par une enquête préliminaire pour mauvais traitements à animaux », 1er mars 2020.

2. *Le Monde*, « Didier Guillaume dénonce le montage d'une vidéo de maltraitance animale par L214 », 23 février 2020.

3. *Le Figaro*, « Abattoir Sobeval : L214 diffuse des e-mails qui embarrassent le ministère de l'Agriculture », 25 février 2020.

soja, steak de légumes, crème de riz, etc.). Pour freiner cette transition alimentaire, ces groupes d'intérêts ont cherché, avec succès, à empêcher l'utilisation de termes trop proches des produits d'origine animale. En 2019, ces lobbies obtenaient le vote d'une disposition par l'Assemblée nationale visant à interdire l'utilisation des termes habituellement associés aux produits d'origine animale, au motif d'éviter des pratiques commerciales trompeuses. Plusieurs observateurs remarquaient que cette loi n'avait pas pour objectif de protéger le consommateur mais bien de favoriser les intérêts privés des exploitants. Comment interdire la dénomination *lait de soja* mais pas celles de *lait de coco*, *lait démaquillant* ou *lait hydratant*[1] ? Pouvait-on vraiment imaginer que certains consommateurs ignorent que les graines de soja ne peuvent pas produire le même type de lait que les vaches ou les chèvres ? Si c'était le cas, cela refléterait davantage une ignorance sur la manière dont le lait animal est produit et la protection du consommateur devrait viser à informer les Français sur son processus de fabrication. Les groupes d'intérêts ont en réalité bien mesuré le succès des substituts aux produits d'origine animale et essaient de freiner la transition alimentaire. Si c'est bien entendu dans leurs intérêts industriels et commerciaux, ceux-ci s'opposent aux intérêts publics, sanitaires entre autres, qui recommandent de consommer moins de produits d'origine animale. Le plus dommageable est sans nul doute l'attention que portent aujourd'hui les élus politiques à ces lobbies.

1. Insolente Veggie, « Interdire le vocabulaire de la viande aux produits végans », 22 décembre 2019.

Dernier exemple, la création fin 2019 de la cellule Déméter. Nous l'avons rappelé, les associations de défense des animaux ont fourni ces dernières années un important travail de lancement d'alertes. Les vidéos dans les élevages et les abattoirs ont informé la population sur de nombreuses irrégularités que les services vétérinaires de l'État ont échoué à corriger, et elles ont également exposé au grand jour des pratiques que la plupart des Français considèrent comme intolérables. Face au danger que représentent pour leur négoce les vidéos de L214, les tenants de l'élevage intensif ont convaincu le ministre de l'Intérieur, Christophe Castaner, de créer une cellule policière visant à surveiller les « atteintes au monde agricole ». La FNSEA déclarait que cette cellule était été mise en place sur sa « demande expresse » afin de lutter contre « l'agribashing ».

La création de cette cellule est très préoccupante car elle vise en réalité à faire taire toute critique de l'élevage. La convention entre le ministère de l'Intérieur et la FNSEA qui a donné naissance à la cellule Déméter prévoit ainsi de lutter contre toutes les « actions symboliques de dénigrement du milieu agricole ». Si l'on comprend l'objectif des défenseurs de l'élevage intensif à vouloir empêcher toute remise en cause de leur système de production, il est plus qu'inquiétant de voir l'État employer des moyens publics pour défendre les intérêts financiers de ces grands groupes et verrouiller toute critique de leurs méthodes de production. Il est crucial dans une démocratie que les citoyens soient informés des conditions de vie des animaux exploités, et plus généralement de la manière dont est produite notre nourriture.

Si de nombreux responsables politiques défendent encore l'exploitation animale, nous assistons cependant à une évolution de long terme favorable aux animaux. Tout d'abord, la grande majorité des Français considère aujourd'hui que la cause animale est une cause importante et 88 % de nos concitoyens se prononcent contre l'élevage intensif. Ces chiffres reflètent une importante augmentation du souci pour les animaux, comme le note l'Eurobaromètre de 2016 : en dix ans (2006-2016), le pourcentage des Français qui pensent que les animaux dans les élevages devraient être mieux traités, a augmenté de 15 points. C'est la plus forte progression en Europe. L'émergence du flexitarisme montre également que les normes sociales en matière d'alimentation changent : 89 % des Français soutiennent désormais l'idée qu'il est nécessaire de diminuer la consommation de viande. C'est là un indéniable progrès, qui constitue la nécessaire première étape vers une diminution effective de l'exploitation des animaux.

De surcroît, si de nombreux responsables politiques de premier plan défendent encore largement l'élevage intensif, à l'instar d'Emmanuel Macron, de Didier Guillaume, de Julien Denormandie, on observe qu'un nombre croissant d'élus s'engagent pour le bien-être animal. En 2018, 85 députés de tous bords signaient un appel dans les colonnes du *Journal du Dimanche* à prendre davantage en considération la condition animale en politique[1]. La même année, plusieurs députés

1. *Le Journal du Dimanche*, « Condition animale : l'appel de 85 députés de tous bords », 22 septembre 2018.

de l'Assemblée nationale créaient un groupe d'étude sur la condition animale. Présidé par Loïc Dombreval, qui recense de multiples prises de positions en faveur des animaux, ce groupe comptait 45 députés en avril 2020.

Dans cette logique, l'événement politique récent le plus marquant relatif à la condition animale est sans nul doute le Référendum pour les Animaux. Cette initiative, lancée à l'été 2020 par le journaliste Hugo Clément et de nombreuses associations de défense des animaux, a visé à proposer six mesures en faveur du bien-être animal en France (fin de l'élevage intensif, fin de l'élevage en cage, arrêt des spectacles avec animaux sauvages, limitation de l'expérimentation animale, interdiction des chasses les plus cruelles, arrêt de l'élevage à fourrure). Face à un système politique qui ne parvient pas à se saisir des enjeux sur la condition animale, le référendum d'initiative populaire a cherché à donner directement la parole au pouvoir souverain, très majoritairement d'accord avec ces propositions. Trois leçons principales peuvent être tirées de cette initiative politique.

La première leçon est que, au-delà de la forte adhésion de la population à ces mesures (89 % des participants au référendum voteraient en faveur), le soutien populaire à la cause animale transcende les clivages sociaux. Un sondage de l'IFOP à l'été 2020 montrait en effet que toutes les catégories sociales voteraient majoritairement en faveur des propositions en cas de référendum : hommes et femmes, jeunes et seniors, ouvriers et cadres, chômeurs et dirigeants d'entreprises, les plus riches et les moins aisés, Parisiens ou ruraux, électeurs de gauche ou de droite, du centre ou des extrêmes, catholiques ou athées[1]. Ces chiffres nous indiquent que les attentes sociales en matière animale ne sont pas le fait d'un groupe majoritaire mais de toutes les catégories sociales.

La deuxième leçon à tirer de cette initiative est la polarisation du débat au Parlement sur la question animale. À l'automne 2020, plus de 140 députés et sénateurs s'étaient engagés à soutenir l'organisation du Référendum pour les Animaux. La condition animale n'avait, jusqu'alors, jamais réussi à s'imposer dans le débat public avec un tel soutien politique et à un tel degré transpartisan. Au contraire, les discussions autour du projet de loi déposé par Cédric Villani en septembre 2020 sur les propositions du Référendum pour les Animaux ont démontré une nouvelle fois la force des lobbies de la chasse et de l'élevage à contrer toute avancée en la matière. La polarisation des débats conduit à des dissensions politiques très fortes au sein mêmes des partis politiques et plus particulièrement au sein de la majorité gouvernementale, où les tenants de l'élevage intensif et de la chasse ont obtenu gain de cause dans les arbitrages face à des députés engagés pour les mesures du Référendum pour les Animaux.

La troisième leçon est également celle de la polarisation à l'intérieur même du gouvernement sur la question animale. La tension sous-jacente entre ministère de l'Environnement et ministère de l'Agriculture a été exacerbée par les discussions autour du Référendum pour

1. IFOP, 21 juillet 2020 : « Référendum sur la protection animale : les Français soutiennent les animaux ».

les Animaux. Face à l'initiative législative de Cédric Villani reprenant les propositions du Référendum pour les Animaux, Barbara Pompili, ministre de la Transition écologique, annonçait fin septembre 2020 la volonté du gouvernement de faire siennes plusieurs des mesures avancées (fin de l'élevage de vison, fin des spectacles avec animaux sauvages dans les cirques, fin de la captivité des dauphins et orques). Le discours de la ministre, validé par Matignon, se voulait très fort, parlant d'un « tournant » sur la question animale et affirmant que notre société devait considérer l'animal sauvage comme un « être à préserver et à respecter dans son intégrité ». Cette prise en compte des intérêts propres de l'animal, plutôt que la seule considération des intérêts humains à l'exploitation animale, entre cependant en conflit avec les positions du ministre de l'Agriculture Julien Denormandie, qui refusait la fin des élevages intensifs conformément aux positions de la FNSEA[1]. Cette opposition de principe sur la manière de considérer les animaux est plus que jamais ouverte et conduira à des arbitrages récurrents entre ces deux ministères.

Ces trois leçons nous montrent que la question animale connaît aujourd'hui une évolution importante et fait désormais l'objet de discussions dans l'hémicycle du palais Bourbon, polarisant au sein même des partis et du gouvernement. Le grand consensus social et la pression des associations font des considérations envers les animaux un enjeu électoral clé,

1. Entretien de Julien Denormandie avec Jean-Jacques Bourdin, 31 août 2020.

où la qualification pour un second tour des élections présidentielles peut tenir à quelques points. Ces évolutions devraient permettre d'obtenir des avancées importantes sur la question après de nombreuses années de déconsidération.

Au-delà de l'action politique, le passage de la prise de conscience à l'adoption de nouvelles habitudes est, semble-t-il, l'enjeu déterminant pour l'amélioration de la condition animale dans les années à venir. L'économie comportementale sera amenée à jouer un rôle croissant dans cette transition en nous conseillant sur les meilleurs mécanismes à mettre en place pour concrétiser ces transitions. La difficulté principale sera sûrement de développer des stratégies visant à améliorer le bien-être social sans le concours de l'État qui, jusqu'alors, soutient des intérêts contraires au bien-être animal.

La solution la plus efficace viendra probablement du marché, avec le développement des simili-carnés ou de la viande cultivée. Si la main invisible d'Adam Smith finira peut-être par reprendre le dessus dans un marché où intérêts collectifs et privés seront à nouveau alignés, il est cependant urgent d'anticiper la transition alimentaire. La politique actuelle qui consiste à défendre systématiquement l'élevage intensif se montrera à terme contre-productive pour le pays. Soutenir coûte que coûte ces modes d'exploitation, c'est aussi faire le choix de soutenir des techniques néfastes pour l'environnement et pour les animaux. À terme, c'est freiner l'émergence en France de ces techniques nouvelles et abandonner les petits éleveurs plutôt que de les aider à se reconvertir.

L'attitude des principaux responsables politiques apparaît plus que jamais comme un choix à contresens du bien-être animal, des enjeux environnementaux, du développement économique français et des aspirations de nos concitoyens. Diminuer l'exploitation animale constitue aujourd'hui une source considérable d'amélioration du bien-être social. À nous de nous en saisir.

Bibliographie

Acemoglu, D., Egorov, G., et Sonin, K. (2013). « A political theory of populism », *The Quarterly Journal of Economics*, 128(2), p. 771-805.

Adams, C. (1990), *The Sexual Politics of Meat*, Cambridge, Polity.

Adams, C. J. (2004), *The Pornography of Meat*, A&C Black.

Adise, S., Gavdanovich, I., et Zellner, D. A. (2015), « Looks like chicken: Exploring the law of similarity in evaluation of foods of animal origin and their vegan substitutes », *Food Quality and Preference*, 41, p. 52-59.

Akerlof, G. A., et Kranton, R. (2010), « Identity economics », *The Economists' Voice*, 7(2)

Allcott, H. (2011), « Social norms and energy conservation », *Journal of Public Economics*, 95(9-10), p. 1082-1095.

Andreoni, J. (1990), « Impure altruism and donations to public goods: A theory of warm-glow giving », *The Economic Journal*, 100(401), p. 464-477.

Angantyr, M., Eklund, J., et Hansen, E. M. (2011), « A comparison of empathy for humans and empathy for animals", *Anthrozoös*, 24(4), p. 369-377.

Archer, J. (1997), « Why do people love their pets ? », *Evolution and Human Behavior*, 18(4), p. 237-259.

Atkinson, A. B., et Stern, N. H. (1974), « Pigou, taxation and public goods », *The Review of Economic Studies*, 41(1), p. 119-128.

Banerjee, A. V. (1992), « A simple model of herd behavior », *The Quarterly Journal of Economics*, 107(3), p. 797-817.

Baron, D. P. (2001), « Private politics, corporate social responsibility, and integrated strategy », *Journal of Economics & Management Strategy*, 10(1), p. 7-45.

Baron, D. P. (2003), « Private politics », *Journal of Economics & Management Strategy*, 12(1), p. 31-66.

Baron, D. P. (2012), « The industrial organization of private politics », *Quarterly Journal of Political Science*, 7(2), p. 135-174.

Bartczak, A., Chilton, S., et Meyerhoff, J. (2015), « Wildfires in poland: The impact of risk preferences and loss aversion on environmental choices », *Ecological Economics*, 116, p. 300-309.

Bastian, B., et Loughnan, S. (2017), « Resolving the meat-paradox: A motivational account of morally troublesome behavior and its maintenance », *Personality and Social Psychology Review*, 21(3), p. 278-299.

Bastian, B., Loughnan, S., Haslam, N., et Radke, H. R. (2012), « Don't mind meat ? The denial of mind to animals used for human consumption », *Personality and Social Psychology Bulletin*, 38(2), p. 247-256.

Bennett, R. (2003), « Factors underlying the inclination to donate to particular types of charity », *International Journal of Nonprofit and Voluntary Sector Marketing*, 8(1), p. 12-29.

Bennett, R., Balcombe, K., Jones, P., et Butterworth, A. (2019), « The benefits of farm animal welfare legislation: The case of the EU broiler directive and truthful reporting », *Journal of Agricultural Economics*, 70(1), p. 135-152.

Bentham, J. (1780), *An Introduction to the Principles of Morals and Legislation.*

Blanken, I., van de Ven, N., et Zeelenberg, M. (2015), « A meta-analytic review of moral licensing », *Personality and Social Psychology Bulletin*, 41(4), p. 540-558.

Bradshaw, J. W., Paul, E. S., *et al.* (2010), « Could empathy for animals have been an adaptation in the evolution of Homo Sapiens », *Animal Welfare*, 19(1), p. 107-112.

Bratanova, B., Loughnan, S., et Bastian, B. (2011), « The effect of categorization as food on the perceived moral standing of animals », *Appetite*, 57(1), p. 193-196.

Brehm, J. W. (1966), *A Theory of Psychological Reactance*, Academic Press Inc.

Broers, V. J., De Breucker, C., Van den Broucke, S., et Luminet, O. (2017), « A systematic review and meta-analysis of the effectiveness of nudging to increase fruit and vegetable choice », *The European Journal of Public Health*, 27(5), p. 912-920.

Bucher, T., Collins, C., Rollo, M. E., McCaffrey, T. A., De Vlieger, N., Van der Bend, D., Truby, H., et Perez-Cueto, F. J. (2016), « Nudging consumers towards healthier choices: a systematic review of positional influences on food choice », *British Journal of Nutrition*, 115(12), p. 2252-2263.

Campbell-Arvai, V., Arvai, J., et Kalof, L. (2014), « Motivating sustainable food choices: The role of nudges, value orientation, and information provision », *Environment and Behavior*, 46(4), p. 453-475.

Carlier, A., et Treich, N. (2020), « Directly valuing animal welfare in (environmental) economics », *International Review of Environmental and Resource Economics*, 14, p. 1-40.

Carrico, A. R., Raimi, K. T., Truelove, H. B., et Eby, B. (2018), « Putting your money where your mouth is: an experimental test of pro-environmental spillover from

reducing meat consumption to monetary donations », *Environment and Behavior*, 50(7), p. 723-748.
Chamley, C. P. (2004), *Rational Herds: Economic Models of Social Learning*, Cambridge University Press.
Chaudhuri, A. (2011), « Sustaining cooperation in laboratory public goods experiments: a selective survey of the literature », *Experimental Economics*, 14(1), p. 47-83.
Christie, C. D., et Chen, F. S. (2018), « Vegetarian or meat ? food choice modeling of main dishes occurs outside of awareness », *Appetite*, 121, p. 50-54.
Clark, B., Stewart, G. B., Panzone, L. A., Kyriazakis, I., et Frewer, L. J. (2017), « Citizens, consumers and farm animal welfare: A meta-analysis of willingness-to-pay studies », *Food Policy*, 68, p. 112-127.
Clot, S., Grolleau, G., Ibanez, L., et Ndodjang, P. (2013), « L'effet de compensation morale ou comment les "bonnes actions" peuvent aboutir à une situation indésirable », *Revue Économique*, 65(3).
Cooper, J. (2007), *Cognitive Dissonance: 50 Years of a Classic Theory*, Sage.
Crumpler, H., et Grossman, P. J. (2008), « An experimental test of warm glow giving », *Journal of Public Economics*, 92(5-6), p. 1011-1021.
Davis, M. H. (1983), « Measuring individual differences in empathy: Evidence for a multidimensional approach », *Journal of Personality and Social Psychology*, 44(1), p. 113.
De Vaan, J. M., van Steen, T., et Müller, B. C. (2019), « Meat on the menu ? how the menu structure can stimulate vegetarian choices in restaurants », *Journal of Applied Social Psychology*, 49(12), p. 755-766.
De Waal, F. B. (2008), « Putting the altruism back into altruism: the evolution of empathy », *Annual Review Psychology*, 59, p. 279-300.

De Wit, A., et Bekkers, R. (2017), « Government support and charitable donations: A meta-analysis of the crowding-out hypothesis », *Journal of Public Administration Research and Theory*, 27(2), p. 301-319.

DellaVigna, S. (2009), « Psychology and economics: Evidence from the field », Journal of Economic Literature, 47(2), p. 315-72.

Demange, S. (2017), « La relation médecin-patient au regard du végétarisme : enquête nationale », Thèse de doctorat.

Dillard, J. P., et Shen, L. (2005), « On the nature of reactance and its role in persuasive health communication », *Communication Monographs*, 72(2), p. 144-168.

Downs, A. (1957), « An economic theory of political action in a democracy », *Journal of Political Economy*, 65(2), p. 135-150.

Effron, D. A., Cameron, J. S., et Monin, B. (2009), « Endorsing Obama licenses favoring whites », *Journal of Experimental Social Psychology*, 45(3), p. 590-593.

Erb, K.-H., Lauk, C., Kastner, T., Mayer, A., Theurl, M. C., et Haberl, H. (2016), « Exploring the biophysical option space for feeding the world without deforestation », *Nature Communications*, 7, p. 11382.

Espinosa, R. (2019), « L'éléphant dans la pièce », *Revue d'Économie Politique*, 129(3), p. 287-324.

Espinosa, R. (2020), « Divisés dans l'unité : une discussion empirique de la diversité des stratégies de communication et d'action des organisations de défense des animaux », *Revue Traits d'Union*, 10, « La condition animale : stratégies discursives et représentations ».

Espinosa, R., et Stoop, J. (2020), « Do people really want to get informed ? Ex-ante evaluations of information campaign effectiveness », À paraître, Experimental Economics.

Espinosa, R., et Treich, N. (2020), « Moderate *vs.* radical NGOs », à paraître, *American Journal of Agricultural Economics*.

Espinosa, R., et Treich, N. (2020b), « Animal welfare: Antispeciesism, veganism and a "life worth living », à paraître, *Social Choice and Welfare.*

Evers, C., Marchiori, D., Junghans, A., Cremers, J., et De Ridder, D. (2018), « Citizen approval of nudging interventions promoting healthy eating: the role of intrusiveness and trustworthiness », *BMC Public Health*, 18(1), p. 1-10.

Fehr-Duda, H., et Fehr, E. (2016), « Sustainability: Game human nature », *Nature News*, 530(7591), p. 413.

Festinger, L. (1962), *A Theory of Cognitive Dissonance*, Stanford University Press.

Fiolet, T., Srour, B., Sellem, L., Kesse-Guyot, E., Allès, B., Méjean, C., Deschasaux, M., Fassier, P., Latino-Martel, P., Beslay, M., *et al.* (2018), « Consumption of ultra-processed foods and cancer risk: results from nutrinet-santé prospective cohort », *BMJ*, 360:k322.

Fischbacher, U., Gächter, S., et Fehr, E. (2001), « Are people conditionally cooperative ? Evidence from a public goods experiment », *Economics Letters*, 71(3), p. 397-404.

Fonta, W. M., Ichoku, H. E., et Kabubo-Mariara, J. (2010), « The effect of protest zeros on estimates of willingness to pay in healthcare contingent valuation analysis », *Applied Health Economics and Health Policy*, 8(4), p. 225-237.

Garner, R. (1993), « Political animals: A survey of the animal protection movement in Britain », *Parliamentary Affairs*, 46(3), p. 333-353.

Garnett, E. E., Balmford, A., Sandbrook, C., Pilling, M. A., et Marteau, T. M. (2019), « Impact of increasing vegetarian availability on meal selection and sales in cafeterias », *Proceedings of the National Academy of Sciences*, 116(42), p. 20923-20929.

Georganas, S., Tonin, M., et Vlassopoulos, M. (2015), « Peer pressure and productivity: The role of observing and being observed », *Journal of Economic Behavior & Organization*, 117, p. 223-232.

Ghesla, C., Grieder, M., Schmitz, J., et Stadelmann, M. (2019), « Pro-environmental incentives and loss aversion: A field experiment on electricity saving behavior », *Energy Policy*, p. 111131.

Gracia, A., Loureiro, M. L., et Nayga, Jr, R. M. (2011), « Valuing an EU animal welfare label using experimental auctions », *Agricultural Economics*, 42(6), p. 669-677.

Hansen, P. G., Schilling, M., et Malthesen, M. S. (2019), « Nudging healthy and sustainable food choices: three randomized controlled field experiments using a vegetarian lunch-default as a normative signal », *Journal of Public Health*.

Hardouin, C.-L. (2018), Véganisme et médecine générale : un enjeu singulier pour la relation de soins, thèse de doctorat.

Harris, D., Herrmann, B., Kontoleon, A., et Newton, J. (2015), « Is it a norm to favour your own group ? », *Experimental Economics*, 18(3), p. 491-521.

Hausman, D. M. (2018), « The Bond between Positive and Normative Economics », *Revue d'Économie politique*, 128(2), p. 191-208.

Heberlein, A. S., et Saxe, R. R. (2005), « Dissociation between emotion and personality judgments: convergent evidence from functional neuroimaging », *Neuroimage*, 28(4), p. 770-777.

Heng, Y., Peterson, H. H., et Li, X. (2013), « Consumer attitudes toward farm-animal welfare: the case of laying hens », *Journal of Agricultural and Resource Economics*, 38(3), p. 418-434.

Hestermann, N., Le Yaouanq, Y., et Treich, N. (2017), « An economic model of the meat paradox », document de travail.

Higgs, S., et Thomas, J. (2016). « Social influences on eating », *Current Opinion in Behavioral Sciences*, 9, p. 1-6.

Hoek, A. C., Luning, P. A., Weijzen, P., Engels, W., Kok, F. J., et De Graaf, C. (2011a), « Replacement of meat by meat substitutes. A survey on person- and product-related factors in consumer acceptance », *Appetite*, 56(3), p. 662-673.

Hoek, A. C., van Boekel, M. A., Voordouw, J., et Luning, P. A. (2011b), « Identification of new food alternatives: How do consumers categorize meat and meat substitutes ? », *Food Quality and Preference*, 22(4), p. 371-383.

Imas, A. (2014). « Working for the "warm glow": On the benefits and limits of prosocial incentives », *Journal of Public Economics*, 114, p. 14-18.

Johansson-Stenman, O. (2018), « Animal welfare and social decisions: Is it time to take Bentham seriously ? », *Ecological Economics*, 145, p. 90-103.

Joy, M. (2011), *Why We Love Dogs, Eat Pigs, and Wear Cows: An introduction to Carnism*, Conari Press.

Junghans, A. F., Cheung, T. T., et De Ridder, D. D. (2015), « Under consumers' scrutiny: an investigation into consumers' attitudes and concerns about nudging in the realm of health behavior », *BMC Public Health*, 15(1), p. 336.

Kahneman, D. (2011), *Thinking, Fast and Slow*, New York, Macmillan.

Kahneman, D., Knetsch, J. L., et Thaler, R. H. (1990), « Experimental tests of the endowment effect and the Coase theorem », *Journal of Political Economy*, 98(6), p. 1325-1348.

Khan, U., Dhar, R., et Schmidt, S. (2010), « Giving consumers license to enjoy luxury », *MIT Sloan Management Review*, 51(3), p. 12.

Kurz, V. (2018), « Nudging to reduce meat consumption: Immediate and persistent effects of an intervention at a university restaurant », *Journal of Environmental Economics and Management*, 90, p. 317-341.

Lagerkvist, C. J., et Hess, S. (2011). « A meta-analysis of consumer willingness to pay for farm animal welfare », *European Review of Agricultural Economics*, 38(1), p. 55-78.

Lee, W., et Roemer, J. E. (2006), « Racism and redistribution in the United States: A solution to the problem of American exceptionalism », *Journal of Public Economics*, 90(6-7), p. 1027-1052.

Levin, I. P., Schneider, S. L., et Gaeth, G. J. (1998), « All frames are not created equal: A typology and critical analysis of framing effects », *Organizational Behavior and Human Decision Processes*, 76(2), p. 149-188.

Lilley, A., et Slonim, R. (2014), « The price of warm glow », *Journal of Public Economics*, 114, p. 58-74.

Loughnan, S., Bastian, B., et Haslam, N. (2014), « The psychology of eating animals », *Current Directions in Psychological Science*, 23(2), p. 104-108.

Loughnan, S., Haslam, N., et Bastian, B. (2010), « The role of meat consumption in the denial of moral status and mind to meat animals », *Appetite*, 55(1), p. 156-159.

Lusk, J. L. (2011), « The Market for Animal Welfare », *Agriculture and Human Values*, 28(4), p. 561-575.

Lusk, J. L., et McCluskey, J. (2018), « Understanding the impacts of food consumer choice and food policy outcomes », *Applied Economic Perspectives and Policy*, 40(1), p. 5-21.

s, J. L., et Norwood, F. B. (2011), « Animal welfare economics », *Applied Economic Perspectives and Policy*, 33(4), p. 463-483.

McInerney, J. (2004), « Animal welfare, economics and policy », *Report on a study undertaken for the Farm & Animal Health Economics Division of Defra*, 68.

Merritt, A. C., Effron, D. A., et Monin, B. (2010), « Moral self-licensing: When being good frees us to be bad », *Social and Personality Psychology Compass*, 4(5), p. 344-357.

Mill, J. S. (1848), *Principles of Political Economy*, London, John W. Parker.

Mohnen, A., Pokorny, K., et Sliwka, D. (2008), « Transparency, inequity aversion, and the dynamics of peer pressure in teams: Theory and evidence », *Journal of Labor Economics*, 26(4), p. 693-720.

Monin, B., et Miller, D. T. (2001), « Moral credentials and the expression of prejudice », *Journal of Personality and Social Psychology*, 81(1), p. 33.

Ng, Y.-K. (1975), « Bentham or Bergson ? Finite sensibility, utility functions and social welfare functions », *The Review of Economic Studies*, 42(4), p. 545-569.

Ng, Y.-K. (1981), « Bentham or Nash ? On the acceptable form of social welfare functions », Economic Record, 57(3), p. 238-250.

Norwood, F. B., Lusk, J. L., *et al.* (2011), *Compassion by the Pound: the Economics of Farm Animal Welfare*, Oxford University Press.

Norwood, F. B., Tonsor, G., et Lusk, J. L. (2018), « I Will Give You My Vote but Not My Money: Preferences for Public versus Private Action in Addressing Social Issues », *Applied Economic Perspectives and Policy*, 41(1), p. 96-132.

Nunes, P. A., et Schokkaert, E. (2003), « Identifying the warm glow effect in contingent valuation », *Journal of Environmental Economics and Management*, 45(2), p. 231-245.

Oreskes, N., et Conway, E. M. (2016), Les Marchands de doute, ou comment une poignée de scientifiques ont masqué la vérité sur des enjeux de société tels que le tabagisme et le réchauffement climatique, Paris, Le Pommier.

Panzone, L. A., Wossink, A., et Southerton, D. (2012), « Environmental performance and off- setting behaviour: moral self-licensing in consumer choice », in *86th Annual Conference of the Agricultural Economics Society, University of Warwick*, UK.

Paul, A. S., Lusk, J. L., Norwood, F. B., et Tonsor, G. T. (2019), « An experiment on the vote-buy gap with application to cage-free eggs », *Journal of Behavioral and Experimental Economics*, 79, p. 102-109.

Piazza, J., Ruby, M. B., Loughnan, S., Luong, M., Kulik, J., Watkins, H. M., et Seigerman, M. (2015), « Rationalizing meat consumption. The 4Ns », *Appetite*, 91, p. 114-128.

Pigou, A. C. (1920), *The Economics of Welfare*, New Brunswick & Londres, Transaction Publishers.

Poore, J., et Nemecek, T. (2018), « Reducing food's environmental impacts through producers and consumers », *Science*, 360(6392), pp. 987-992.

Quinet, A., *et al.* (2019), *La Valeur de l'action pour le climat*, France Stratégie.

Reisch, L. A., et Sunstein, C. R. (2016), « Do Europeans like nudges ? », *Judgment and Decision Making*, 11(4), p. 310-325.

Reisch, L. A., Sunstein, C. R., et Gwozdz, W. (2017), « Beyond carrots and sticks: Europeans support health nudges », *Food Policy*, 69, p. 1-10.

Rothgerber, H. (2013), « Real men don't eat (vegetable) quiche: Masculinity and the justification of meat consumption », *Psychology of Men & Masculinity*, 14(4), p. 363.

Rothgerber, H. (2014).,« Efforts to overcome vegetarian-induced dissonance among meat eaters », *Appetite*, 79, p. 32-41.

Rozin, P., Hormes, J. M., Faith, M. S., et Wansink, B. (2012), « Is meat male ? a quantitative multimethod

framework to establish metaphoric relationships », *Journal of Consumer Research*, 39(3), p. 629-643.
Ruby, M. B. (2012), « Vegetarianism. A blossoming field of study », *Appetite*, 58(1), p. 141-150.
Ruby, M. B., et Heine, S. J. (2011), « Meat, morals, and masculinity », *Appetite*, 56(2), p. 447-450.
Sartre, J.-P. (1943), *L'Être et le Néant*, Paris, Gallimard.
Schösler, H., De Boer, J., et Boersema, J. J. (2012), « Can we cut out the meat of the dish ? Constructing consumer-oriented pathways towards meat substitution », *Appetite*, 58(1), p. 39-47.
Shamay-Tsoory, S. G., Aharon-Peretz, J., et Perry, D. (2009), « Two systems for empathy: a double dissociation between emotional and cognitive empathy in inferior frontal gyrus versus ventromedial prefrontal lesions », *Brain*, 132(3), p. 617-627.
Shleifer, A. (2012), « Psychologists at the gate: a review of Daniel Kahneman's thinking, fast and slow », *Journal of Economic Literature*, 50(4), p. 1080-91.
Singer, P. (2018), *Théorie du tube de dentifrice*, Paris, Goutte d'Or.
Smith, A. (2006), « Cognitive empathy and emotional empathy in human behavior and evolution », *The Psychological Record*, 56(1), p. 3-21.
Spelt, H., Dijk, E. K.-V., Ham, J., Westerink, J., et IJsselsteijn, W. (2019), « Psychophysiological measures of reactance to persuasive messages advocating limited meat consumption », *Information*, 10(10), p. 320.
Springmann, M., Godfray, H. C. J., Rayner, M., et Scarborough, P. (2016), « Analysis and valuation of the health and climate change cobenefits of dietary change », *Proceedings of the National Academy of Sciences*, 113(15), p. 4146-4151.

Springmann, M., Mason-D'Croz, D., Robinson, S., Wiebe, K., Godfray, H. C. J., Rayner, M., et Scarborough, P. (2018), « Health-motivated taxes on red and processed meat: A modelling study on optimal tax levels and associated health impacts », *PloS one*, 13(11).

Srour, B., Fezeu, L. K., Kesse-Guyot, E., Allès, B., Méjean, C., Andrianasolo, R. M., Chazelas, E., Deschasaux, M., Hercberg, S., Galan, P., *et al.* (2019), « Ultra-processed food intake and risk of cardiovascular disease: prospective cohort study (nutrinet-santé) », *BMJ*, 365:l1451.

Steindl, C., Jonas, E., Sittenthaler, S., Traut-Mattausch, E., et Greenberg, J. (2015), « Understanding psychological reactance », *Zeitschrift für Psychologie*.

Stok, F. M., De Ridder, D. T., De Vet, E., et De Wit, J. B. (2014), « Don't tell me what I should do, but what others do: The influence of descriptive and injunctive peer norms on fruit consumption in adolescents », *British Journal of Health Psychology*, 19(1), p. 52-64.

Subak, S. (1999), « Global environmental costs of beef production », *Ecological Economics*, 30(1), p. 79-91.

Thaler, R. (1980), « Toward a positive theory of consumer choice », *Journal of Economic Behavior & Organization*, 1(1), p. 39-60.

Thaler, R. H. (2018), « From cashews to nudges: The evolution of behavioral economics », *American Economic Review*, 108(6), p. 1265-87.

Thaler, R. H., et Sunstein, C. R. (2008), *Nudge: Improving Decisions about Health, Wealth, and Happiness*, Yale University Press.

Thomas, M. A. (2016), « Are vegans the same as vegetarians ? The effect of diet on perceptions of masculinity », *Appetite*, 97, p. 79-86.

Tijssen, I., Zandstra, E. H., de Graaf, C., et Jager, G. (2017), « Why a "light" product package should not be light blue: Effects of package colour on perceived healthiness and attractiveness of sugar-and fat-reduced products », *Food Quality and Preference*, 59, p. 46-58.

Tilman, D. et Clark, M. (2014), « Global diets link environmental sustainability and human health », *Nature*, 515(7528), p. 518.

Tonsor, G. T., et Wolf, C. A. (2011), « On mandatory labeling of animal welfare attributes », *Food Policy*, 36(3), p. 430-437.

Treich, N. (2019), « Veganomics : vers une approche économique du véganisme », *Revue française d'Économie*, 33(4), p. 3-48.

Tversky, A., et Kahneman, D. (1991), « Loss aversion in riskless choice: A reference-dependent model », *The Quarterly Journal of Economics*, 106(4), p. 1039-1061.

Van Der Linden, S. (2015), « Intrinsic motivation and pro-environmental behaviour », *Nature Climate Change*, 5(7), p. 612.

Van Loo, E. J., Caputo, V., Nayga Jr, R. M., et Verbeke, W. (2014), « Consumers' valuation of sustainability labels on meat », *Food Policy*, 49, p. 137-150.

Vandenbroele, J., Slabbinck, H., Van Kerckhove, A., et Vermeir, I. (2019), « Mock meat in the butchery: Nudging consumers toward meat substitutes », *Organizational Behavior and Human Decision Processes*.

Vandenbroele, J., Vermeir, I., Geuens, M., Slabbinck, H., et Van Kerckhove, A. (2020), « Nudging to get our food choices on a sustainable track », *Proceedings of the Nutrition Society*, 79(1), p. 133-146.

Vartanian, L. R. (2015), « Impression management and food intake. Current directions in research », *Appetite*, 86, p. 74-80.

Vartanian, L. R., Herman, C. P., et Polivy, J. (2007), « Consumption stereotypes and impression management: How you are what you eat », *Appetite*, 48(3), p. 265-277.

Vartanian, L. R., Spanos, S., Herman, C. P., et Polivy, J. (2015), « Modeling of food intake: a meta-analytic review », *Social Influence*, 10(3), p. 119-136.

Vermeir, I., et Verbeke, W. (2006), « Sustainable food consumption: Exploring the consumer "attitude-behavioral intention" gap », *Journal of Agricultural and Environmental Ethics*, 19(2), p. 169-194.

Wansink, B., et Sobal, J. (2007), « Mindless eating: The 200 daily food decisions we overlook », *Environment and Behavior*, 39(1), p. 106-123.

Willett, W., Rockström, J., Loken, B., Springmann, M., Lang, T., Vermeulen, S., Garnett, T., Tilman, D., DeClerck, F., Wood, A., *et al.* (2019), « Food in the anthropocene: the EAT-Lancet commission on healthy diets from sustainable food systems », *The Lancet*, 393(10170), p. 447-492.

Wilson, A. L., Buckley, E., Buckley, J. D., et Bogomolova, S. (2016), « Nudging healthier food and beverage choices through salience and priming. Evidence from a systematic review », *Food Quality and Preference*, 51, p. 47-64.

Remerciements

La rédaction de ce livre a été une merveilleuse aventure intellectuelle. J'ai été très chanceux d'avoir pu compter sur l'amitié, le soutien et les relectures attentives et exigeantes de nombreux proches, amis et collègues.

Merci à Bénédicte pour ses relectures extrêmement détaillées et pour ses commentaires toujours pertinents et précieux.

Merci également à Aurélien, Anis, Julie, Olivier, David, Ophélie, Nicolas et mes parents pour m'avoir aidé à améliorer le manuscrit.

Merci à Renan Larue et aux Presses Universitaires de France de m'avoir donné l'occasion d'écrire ce livre. Merci à Paul Garapon pour sa relecture très attentive et précieuse du manuscrit.

Enfin, je tiens à exprimer ma gratitude à Anis Nassar, Emilie Dardenne, Nicolas Treich, Florence Burgat et Jan Stoop pour nos nombreux échanges autour de la condition animale qui m'ont grandement enrichi.

TABLE

Composition et mise en pages
Nord Compo à Villeneuve-d'Ascq

PEFC™
10-31-3532

Certifié PEFC

Ce produit est issu de forêts gérées durablement et de sources contrôlées

www.pefc-france.org

Imprimé en France sur papiers
issus de forêts gérées durablement

Sepec Numérique

1, rue de Prony - ZA des Bruyères
01960 Peronnas

IMPRIM'VERT®

Achevé d'imprimer en Décembre 2020
Numéro d'impression : N17932201184